거룩한 삶
The Holy Life

윤종수 성서 명상 시선

거룩한 삶 The Holy Life

2018년 10월 2일 초판 1쇄 인쇄
2018년 10월 8일 초판 1쇄 발행

지 은 이 | 윤종수
펴 낸 이 | 김영호
펴 낸 곳 | 도서출판 동연
등   록 | 제1-1383호(1992. 6. 12)
주   소 | 서울시 마포구 월드컵로 163-3
전   화 | (02)335-2630
전   송 | (02)335-2640
이 메 일 | yh4321@gmail.com

Copyright ⓒ 윤종수, 2018

ISBN 978-89-6447-452-5   03230
ISBN 978-89-6447-450-1   03230 (세트)

윤 종 수 성 서 명 상 시 선

거룩한 삶
The Holy Life

에
코
바
이
블

2

동연

하늘의 사람들은

하늘의 길을 걸어야 한다.

그들의 삶은

세상과 달라야 한다.

그들은 매일 진리를 찾아

거룩한 산에 올라야 한다.

차례

2장

오늘의 자리에서

4장

또 다른 날들

5장

하늘의 뜻을
기다리며

프롤로그(Prologue)

오늘의 하늘이
어제의 하늘이고
내일의 하늘일 것이지만

여기 내 안에 존재하는 하늘의 나라에선
오늘의 하늘이 어제와 내일을 관통하는
바로 새 하늘이다.

어차피 힘든 것은
거부하지 말고 받아들여야 한다.
집착에서 벗어나 여기에 존재하면
평화가 찾아온다.

구하는 것은 모두
이미 내 안에 주어져 있는 것.
응답은 내일이 아니고 지금 내 안에 있기에
받은 줄로 믿으라는 것이다.

존재는 기쁨이고
하늘로 향하는 즐거움은
영혼의 샘물이다.

내 노래는 하늘의 숨이 흐르는 소리.

그 계시를 받아 적는 것이다.
끊임없이 흐르는 열정의 근원은
바로 내 안의 하늘이다.

두려움을 물리치고
나를 모두 맡기는
내가 하늘의 문이다.

그 깨달음에 우주가 열리고
새 하늘이 내려온다.
지금 여기 그 현존에서
그대를 만날 수 있기를…

1 장

지나온 날들

1. 번제

나를 태워
하늘에 드린다.
마지막 남은 모든 것을
거룩한 불에 태운다.

가지고 갈 것은 없다.
남길 것도 없다.
모두 다 태워
하늘에 바친다.

자신을 드린다.
마음을 드리고
영혼을 드린다.
삶의 불을 지핀다.

그 불이 내 삶의 향기가 된다.
그렇게 다 태우고 나면
하늘로 들어갈 때가 올 것이다.

아무런 아쉬움도 없고
어떤 집착도 없이
그렇게 날마다

하늘로 들어간다.

그것이면 된다.
그렇게 하늘이 받으시면
내 삶은 끝나게 된다.

아침이면 그에게 나아가고
저녁이면 집으로 돌아와
먼지 묻은 발을 닦는다.

그의 뜨락에 앉아
그의 말씀에 젖어
내 삶의 정원을
정갈하게 가꾼다.

그 예물이 소의 번제이면 흠 없는 수컷으로 회막 문에서 여호
와 앞에 기쁘게 받으시도록 드릴지니라. Leviticus 1:3

2. 소제

나를 깨뜨려
가루를 만든다.
자아를 깨뜨릴 때마다
고운 가루가 된다.

깨어지는 아픔 속에
인내가 태어나고
인내가 자라나서
생명의 꽃이 핀다.

맷돌에 갈아
하나가 될 때
하늘에서 내려온
생명의 떡이 된다.

적어도 하룻밤은
숙성이 되어야 한다.
긴 침묵 속에
안으로 익어가야 한다.

한 방울의 기름을 붓고
한 주먹의 소금을 치고

알맞게 익어
향기로운 빵이 되어야 한다.

누구나 먹어 하루를 살아가고
새 날을 바라보며
기도를 올리는 시간.

기도를 드린다는 것은
아직 살아갈 희망이 있다는 것이며
아직 하루를 걸어갈 힘이 있다는 것이다.

하여 우리의 삶은 날마다
하늘에 드리는 제물이 되고
하늘이 받으시는 향기가 된다.

누구든지 소제의 예물을 여호와께 드리려거든 고운 가루로 예
물을 삼아 그 위에 기름을 붓고 Leviticus 2:1

3. 누룩

우리가 하늘에 드려 질 때는
있는 그대로
우리의 마음을
거기에 놓아야 한다.

자연으로
무색으로
아무런 첨가 없이
제물을 드려야 한다.

부드럽고 보기 좋게
부풀어 오르는
누룩을 넣어서는 안 된다.

그래서 하늘이 받으시고
감동의 눈물을 흘려야 한다.
그의 가슴이 움직여야 한다.

세상에 나와
삶이 되는 진실은
다른 것을 섞을 수가 없다.
그것이 우리의 양식이다.

진실 앞에선
어떤 다른 것도
위선이고 추함이 된다.

날마다 하늘 앞에서
진실을 먹어야 한다.
진실을 먹고 숨을 쉬며
진실을 마시고 살아가야 한다.

그 외에 어떤 것이
우리의 생명이 되겠는가?
이것이 하늘로 돌아가는 날까지
우리가 지킬 거룩한 길인 것이다.

너희가 여호와께 드리는 모든 소제물에는 누룩을 넣지 말지니
너희가 누룩이나 꿀을 여호와께 화제로 드려 사르지 못할지니
라. Leviticus 2:11

4. 소금

사랑의 불을 잃어버린
차디찬 마음엔
열정의 불이 붙지 않는다.

수행을 잃어버린
뜨거운 욕망의 가슴엔
타다 만 재만 남는다.

삶에서 있어야 될
그 한 가지가 없다면
산다는 것이 무슨 의미인가?

거기에서 근원의 공허가 온다.
먹어도 채워지지 않고
마셔도 해소되지 않는
끝없는 갈증이 있다.

이것이 바로
내가 언제나 하늘을 바라보며
생명의 노래를 부르는 이유인 것.

한 수저면 된다.

많이 필요하지도 않다.
내가 세상에서 살아갈 수 있는
한 줌의 맑은 공기면 된다.

메마른 세상에서
갈한 목을 적실 수 있는
한 모금의 생수만 있으면
살아갈 희망이 있는 것이다.

하늘에 이르는
불꽃이 되기를 원한다면
그리하여 사람들이 나를 보고
희망의 길을 걸어가게 된다면

그것이 바로
내가 세상에 존재하는
그 한 가지 그 이유일 것이다.

네 모든 소제물에 소금을 치라. 네 하나님의 언약의 소금을
네 소제에 빼지 못할지니 네 모든 예물에 소금을 드릴지니라.
Leviticus 2:13

5. 뿌림

그의 사랑과
그의 희생으로
우리는 오늘을 살아간다.

그의 피가 뿌려진 땅에는
생명이 살아나 눈물이 흐르고
다시 사는 역사가 일어난다.

그의 피가 오늘까지 살아
헛되지 않음으로
우리는 그를 기억한다.

그의 길은
세상 죄를 지고
사랑의 길을 걸어가는
하나님의 어린 양이다.

인간이 걸어야 할
가장 거룩한 모범이며
인간이 해낼 수 있는
최고의 완성이다.

그의 피가 뿌려질 때마다
가슴이 아파온다.
고통의 비수가
심장을 찌른다.

그럴 수는 없다.
그의 피가 묻은
십자가를 앞세우고
한 방울의 피도 버릴 수가 없다.

그가 죽어간 땅에 무릎을 꿇고
한 그루의 나무를 심어야 한다.
내가 죽어 달리게 될
십자가를 세워야 한다.

그 예물의 머리에 안수하고 회막 문에서 잡을 것이요 아론의
자손 제사장들은 그 피를 제단 사방에 뿌릴 것이며 Leviticus 3:2

6. 화목제

이제야 당신께
나아갈 수 있나이다.
그만큼 세월이 흘러
세상을 휘돌고 온 다음에

이제 그만
나의 길을 접고
당신의 길을 걷겠나이다.

아무런 여한이 없나이다.
어떤 미련도 아쉬움도
남아있지 않나이다.

한 점의 후회도 없나이다.
모든 것이 당신 안에 있나이다.
그것도 당신의 뜻이었나이다.

다만 이때에라도
당신께 돌아옴이 감사하나이다.
그냥 지옥의 밑바닥에
떨어질 수 있었나이다.

그것도 없었다면
두고두고 뒤를 돌아보며
마음이 갈라지고
무덤 속에 머물 것이기에

나를 받으소서!
당신의 나라를 위해
평화의 제물이 되겠나이다.
나를 살라 당신께 드리겠나이다.

나의 전부를 드려
당신을 따르겠나이다.
마지막 당신의 품안에서
조용히 미소를 짓겠나이다.

만일 여호와께 예물로 드리는 화목제의 제물이 양이면 수컷이
나 암컷이나 흠 없는 것으로 드릴 지며 Leviticus 3:6

7. 기름과 피

너희는 하늘에서 온
하늘의 사람이니
아무것이나 먹어서는 안 된다.

먹을 수 있는 것이 있고
먹을 수 없는 것이 있다.
욕망을 위한 음식이 있고
수행을 위한 음식이 있다.

기름진 것에 빠지지 말라.
너의 욕심을 위해
생명을 죽이지 말라.

잠시 머무는 집이고
잠간 세 들어 사는 집이니
너무 멋지게 치장하지 말라.
너무 먹는 것에 메이지 말라.

너희 몸은
너희의 것이 아니라
하늘에 오르기 위한
수행의 방편인 것이니

언젠가는 낡은 옷을 벗듯
너의 몸을 벗어서
진토에 내어주어야 할 것이다.

네 안에 들어오는
모든 생명들.
그가 있음에
네가 있으며

그가 너의 몸으로
다시 태어나
네 안에서
생명을 얻는 것이다.

너희는 기름과 피를 먹지 말라. 이는 너희의 처소에서 대대로
지킬 영원한 규례니라. Leviticus 3:17

8. 속죄제

다 버렸습니다.
다 내려놓았습니다.
그저 지구의 한 귀퉁이에서
당신의 사랑을 생각하며

나를 지키지 못하고
거룩한 직분을 떠나
육신의 욕망을 좇아
젊은 날을 보내었으니

이 진홍빛 죄를 씻지 못해
날마다 가슴을 치며
무릎을 꿇습니다.

그토록 고행의 길을 가며
미친 듯 험한 산길을 헤맴은
바로 당신의 길을 찾고자 함이었으니

그 길이 나의 순례의 길이 되었고
당신께 나아가는
구도의 삶이 되었습니다.

내가 여기에서 이렇게 살아감은
날마다 그 죄를 씻으며
무너진 가슴을 치기 위함이니
죄가 있는 곳에 은혜가 넘쳤습니다.

자신으로 사는 삶이 있고
죄송으로 사는 삶이 있을진대
나는 여기에서
고개를 들 수 없습니다.

이젠 나에게 더 이상
물러설 길이 없습니다.
오직 당신을 따라
앞으로 나아갈 뿐입니다.

그 범한 죄를 깨달으면 회중은 수송아지를 속죄제로 드릴지니
그것을 회막 앞으로 끌어다가 Leviticus 4:14

9. 속건제

모든 것이
당신의 성물이오니
거룩하지 않은 것이
어디에 있겠습니까?

두려운 마음으로
떨리는 가슴으로
더러운 신발을 벗어들고
당신 앞에 섭니다.

당신이 주신 모든 것.
당신의 거룩한 선물이오니
감사함으로 받아 배로 남기겠습니다.

많이 맡은 자에게는
많이 찾는다 하셨으니
너무 많이 주지 마시고
너무 넘치게 하지 마옵소서!

너무 많이 갖지 않고
너무 많이 먹지 않으며
너무 많이 받지 않겠사오니

감당할 수 있는 만큼만 주옵소서!

그저 조용히 당신 앞에 엎드려
당신과 함께 있게 하옵소서!

일을 주지 마시고
얼을 주시고
돈을 주지 마시고
돌을 주옵소서!

어차피 썩어질 육신이오니
나의 전부를 드리고
나의 영혼을 드리니
나를 받으소서!

누구든지 여호와의 성물에 대하여 부지중에 범죄 하였으면 여호와께 속건제를 드리되 네가 지정한 가치를 따라 Leviticus 5:15

10. 직임제

내가 너에게
거룩한 직분을 주노라.
천사도 사모하는
생명의 발걸음이니

길을 알고 하늘을 알며
삶의 길을 올바로 인도하는
지고의 길이로다.

하늘에 올라
어둠을 밝히며
뭇 생명을 살리는
거룩한 직임이며

세상에 들어가
사랑을 실천하고
삶의 길을 열어가는
하늘의 길이로다.

불의를 드러내고
정의를 선포하는
시대의 희망이며

예언자의 소리이니

아픈 마음을 가슴에 품고
다시금 일어서게 하는
믿음의 치유자로다.

세상에 빠지지 않고
하늘만 보고 살아가는
영원한 자유자이며
생명의 순례자이니

더 이상 아플 게 없고
더 이상 잃을 게 없는
가난한 마음이며
진리의 구도자로다.

아론과 그의 자손이 기름 부음을 받는 날에 여호와께 드릴 제
물은 이러하니라. Leviticus 6:20

11. 머묾

정적 속에
홀로 남는다.
언제나 그와
함께하는 시간.

그 앞에 나아와
나를 돌아보고
안으로 들어가
침묵 속에 들면

진리의 불을 켜
어둠을 밝히고
하늘의 문을 열어
생명의 불을 밝히라는

거기에서 나를 부르는 소리.
영원에서 들려오는
한 소리가 있다.

희망을 버리지 않고
아픔을 견디며
살아있으면 된다.

영혼의 불을 끄지 않고
무릎으로 기도를 드리며
눈을 뜨고 있으면 된다.

그 소리를 듣고
형상으로 만들어
마음의 서판에
받아 적으면 된다.

허리를 세워
오래 견디어 내며
그 안에 머물면 된다.
그에게로 돌아가면 된다.

너희는 칠 주야를 회막 문에 머물면서 여호와께서 지키라고
하신 것을 지키라. 그리하면 사망을 면하리라. Leviticus 8:35

12. 나타나리라

아무도 오지 않는
가난의 땅에서
너의 역사를 시작하라.
거기에서 진실을 증명하라.

아무도 꿈꾸지 않는
절망의 땅에서
한 가닥 가능성을 붙잡고
희망의 줄을 엮으라.

아무도 외치지 않는
굴종의 땅에서
하늘의 뜻을 외치라.
정의가 살아있음을 알리라.

아무도 숨을 쉬지 않는
죽음의 땅에서
생명의 숨을 쉬라.
그곳에 생기를 불어넣으라.

네가 살아있음에

세상이 희망을 갖게 하라.
네가 거기 있음에
사람들이 안도하게 하라.

말만 하지 말고
할 수 있는 행동을 하라.
끝없이 반복하라.
될 때까지 하라.

그리고 조용히 너의 자리에서
하늘의 뜻을 기다리라.
생명의 향불을 피우라.

그가 부르실 때까지
그가 허락하실 때까지
하늘의 역사가 이루어질 때까지
너의 자리에서 기도를 올리라.

여호와께서 너희에게 하라고 명령하신 것이니 여호와의 영광
이 너희에게 나타나리라. Leviticus 9:6

13. 진영 밖

책상을 보면
마음이 보인다.
자리에 앉으면
하늘이 내려온다.

방을 보면
얼굴이 보인다.
가난하고 정갈한 자리에서
생명의 노래가 나온다.

집을 보면
삶을 알 수가 있다.
초가삼간에도 우주가 있고
호화로운 집이지만 정신이 없다.

그의 마음을 보면
그의 삶을 알 수가 있고
그의 얼굴을 보면
그의 생각이 보인다.

그의 자세를 보면
삶의 목적이 보이고

그의 한 마디 말에
그의 공력이 나온다.

너의 거처를
더럽히지 말라.
너의 마음에
영혼이 깃들게 하라.

너의 마음엔 무엇이 가득한가?
너의 거처엔 무엇이 우선인가?

더러운 죄악을
너의 집으로 가져오지 말라.
진영 밖에서 불사르고
정결한 마음으로 들어오라.

그 고기와 가죽은 진영 밖에서 불사르니라. Leviticus 9:11

14. 사름

완전히 태우는 것만이
새로 태어나게 한다.
날마다 나를 제단에 올려
묵묵히 순종하는 어린양처럼

나를 주장하지 않고
시간을 기다리지 않고
주저함 없이 그 앞에
순결한 제물이 된다.

그 순간을 놓치면
바람의 사념들이
날마다 뇌리에
가득 차게 된다.

그 욕망이 형상을 입고
어둠속을 배회하며
삼킬 자를 찾고 있다.

아직도 내려놓지 못해
가슴 속에서 올라오는
본능의 활화산으로

밑바닥에 깊이 가라앉아
조그만 격동에도
일렁이는 파문들이
감정의 진흙탕 속에서

죽지 못해서
십자가에 달리지 못해
마지막까지 버둥거리며
퍼드득거리고 있다.

나를 태우소서!
이글거리는 불꽃으로
하늘의 거룩한 불꽃으로
내 부정한 모든 것을 사르소서!

불이 여호와 앞에서 나와 제단위의 번제물과 기름을 사른
지라. Leviticus 9:24

15. 다른 불

내가 하늘 열어 내린
그 불을 가져오라.
그 외에 다른 불을
내 앞에 올리지 말라.

천지가 개벽하고
하늘의 기운이 모아져
태초에 일어난 창조의 불.

다른 어느 것도
그 앞에 설 수 없어
무릎을 꿇을 수밖에 없는
순수의 불.

이글거리는 태양의 기운이 모여
천둥을 울리며 벼락으로 내려진
그 신성한 불.

처음 간직했던 붉은 열정과
수없이 빨아 눈처럼 희어져
어머니의 가슴에 모아진
그 사랑의 불.

다른 불을 섞지 말라.
너의 타오르는 욕망과
끝없는 욕심으로 세워진
허망한 바벨탑을 깨뜨리고

나의 뜻으로 세워진
영성의 탑을 올리라.
그 탑 위에 보이지 않는
영혼의 돌을 놓으라.

그리고 그 위에
나의 불을 밝히라.
일생동안 그 불이
꺼지지 않게 하라.

여호와께서 명령하시지 아니하신 다른 불을 담아 여호와 앞에
분향하였더니 Leviticus 10:1

2 장

오늘의 자리에서

16. 가까이

이것이 무엇인가?
이것이 그것인가?
만나가 내리는 아침의 시간에
당신께 나아갔습니다.

가장 가냘프게 죽어가는
메마른 덤불 속에서
당신의 불은
타오르고 있었습니다.

꺼질 수 없어
꺼지지 않는
거기에 거룩한 불이 있었습니다.

행여 빛을 가릴까,
당신의 얼굴에 그림자를 드리울까,
벼랑 위를 걸으며
순간을 살아왔습니다.

거기에 당신이 계셨습니다.
희망의 알을 품고
우리가 깨어날 날을

기다리고 계셨습니다.

그것이 당신의 뜻이었습니다.
언제나 당신을 바라며
날마다 깨어있는 것.

당신의 소리를 듣기 위해
당신의 역사를 보기 위해
이렇게 광야에 머물렀습니다.

행여 당신을 놓칠까?
눈을 뜨고
귀를 열어
나의 무릎을 꿇었습니다.

나를 가까이 하는 자 중에서 내 거룩함을 나타내겠고 온 백성
앞에서 내 영광을 나타내리라. Leviticus 10:3

17. 슬픔

그때 눈물을 흘렸다.
사랑이 외면되고
진실이 거부되는 현실에
너무 마음이 아팠다.

그것이 사랑이었는가?
사랑은 오래 참는 것이라 하였거늘
그렇지 아니한 것은 너무 쉬웠다.

그를 나의 가슴에 묻었을 때
하늘 앞에 목을 놓아 울었다.
일생 나만 보고 살아온
가슴 아픈 사랑.

나는 그의 전부였고
그는 모든 것을 바쳐
하늘에 기도를 올렸다.
그것은 그의 눈물이었다.

나는 그것을 감당하기가
너무 힘들었다.
나를 보지 마세요,

당신의 삶을 사세요.
모든 것을 바친 사랑.
다른 것을 보지 못하고
자기 것만 보이는
목마른 사랑.

나는 거기에서 그의 눈물을 보았다.
그것은 인간의 눈물이 아닌
하늘의 눈물이었다.

가슴이 너무 아파
어떤 희망도 사라졌을 때
우린 묵묵히 그 땅을 걸을 뿐.
나머진 하늘이 하실 것이었다.

오직 너희 형제 이스라엘 온 족속은 여호와께서 치신 불로 말
미암아 슬퍼할 것이니라. Leviticus 10:6

18. 회막

나의 회막으로 들어오라.
내가 거기에서
너를 기다리리니
나를 만나게 되리라.

너희는 지금까지
무엇을 찾았더냐?
너희가 찾은 것이
이것이 아니었더냐?

세 번째 하늘로 들어가
영원을 누리라.
영겁의 윤회에서
해탈을 얻으라.

더 이상 오를 수 없는
지고의 경지에 올라
하늘의 영성을 이루라.

헛된 우상과 썩어질 세상에
무너질 탑을 쌓지 말라.
거기에서 헤매지 말라.

모두가 하나 되어
내 앞에 있으라.
손을 모아 인사를 하라.
편을 가르지 말라.

남보다 위에 있다고
나는 다르다고
더 이상 잘난 체 하지 말고
분열의 장벽을 쌓지 말라.

영혼이 건강하고
정신이 행복한
진정한 평안을 얻으리라.
거기에서 나를 만나리라.

회막에 들어갈 때에는 포도주와 독주를 마시지 말라. 그리하여
너희 죽음을 면하라. Leviticus 10:9

19. 거룩한 곳에서

거룩한 곳이 아니면
앉지 아니하고
쉴만한 곳이 아니면
눕지를 않는다.

아무데나 퍼질러 앉아
고개를 처박거나
입술로 핥아먹지 않는다.
언제나 하늘을 바라본다.

먹을 것에 연연하지 않는다.
먹을 수도 있고
먹지 않을 수도 있다.
나는 먹기 위해 사는 것이 아니다.

하늘의 뜻대로 살기 위해
하늘의 뜻을 이루기 위해
지금 한 그릇의
거룩한 희생을 먹는다.

내가 쉬는 숨이 거룩하고
내가 먹는 밥이 거룩하다.

내가 눕는 곳이 생명의 집이고
내가 일하는 곳이 하늘의 터전이다.

그곳이 하늘의 나라이고
거기가 영원한 천국이니
지금 여기에서
영생을 사는 것.

한 번의 숨도
허투루 쉴 수 없고
한마디 말이라도
쉽게 뱉을 수 없다.

손을 모아 기도를 드리고
발을 모아 길을 걸어가며
마음을 모아 정성을 드린다.
나의 거룩한 손은 거룩한 발이 된다.

너희는 그것을 거룩한 곳에서 먹으라. 내가 명령을 받았느니
라. Leviticus 10:13

20. 거룩한 음식

아무것이나 먹지 말라.
가증한 것을 먹지 말라.
먹는 것으로
몸을 더럽히지 말라.

너는 하늘에서 온
하늘의 사람이니
하늘의 양식을 먹으라.
거룩한 음식을 먹으라.

오직 사랑에서 나와
희생으로 돌아가는
영혼의 밥을 먹으라.
진리의 영을 마시라.

먹는 것에서
보는 것이 나오고
보는 것에서
마음이 나오나니

먹을 때마다
나를 생각하고

나의 영광을 위해
매일을 살아가라.

내 앞에서 겸비하여
너의 마음을 찢으라.
나의 가르침을
마음에 새기라.

땅 바닥을 기거나
날개를 퍼덕이며
공중으로 날아가는 것을
함부로 먹지 말라.

너의 머리를 가리라.
너의 입을 막으라.
내가 거룩하니
너희도 거룩하라.

모든 짐승 중 굽이 갈라져 쪽발이 되고 새김질 하는 것은 너희
가 먹되 Leviticus 11:3

21. 구별

메마른 광야에
가시나무 나를
따로 떼어놓아
거룩하게 하셨으니

고요히 머리 숙여
당신 앞에 무릎 꿇고
나의 자리에 앉아
하늘을 우러릅니다.

짐승 같은 육신에
영혼을 주시고
당신의 높은 뜻을
따르게 하셨으니

하늘 앞에 정직하고
당신 앞에 진실하게
바른 삶을
살아가겠습니다.

더러워진 마음을
당신의 생수로 씻어

어둠의 영과
탐욕을 물리치며

진리의 자유를 얻어
헛된 욕망을 내려놓고
당신의 부름에 순종하여
나를 갈고 닦겠습니다.

당신을 경외하며
언제나 경건하게
우상을 예배하지 아니하고
기도의 삶을 살아가겠으니

내 입에 나오는 말이
당신의 빛이 되게 하시고
내 삶에서 나오는 향기가
당신의 형상이 되게 하옵소서!

나는 여호와 너희 하나님이라. 내가 거룩하니 너희도 몸을 구
별하여 거룩하게 하고 땅에 기는 길짐승으로 말미암아 스스로
더럽히지 말라. Leviticus 11:44

22. 그 땅에서

매일 새롭게 출발하라.
하늘의 소리를 듣고
그 뜻을 따르라.
세상의 소리를 따르지 말라.

남들이 하는 대로 하지 말라.
세상에 휩쓸려 춤추지 말라.
너의 자리를 굳게 지키라.

세상의 풍속을 좇지 말라.
네가 살아가는 목적을 생각하라.
언제나 너의 길을 걸어가라.

허황된 망상을 좇지 말라.
너무 많은 재물과
평안을 구하지 말라.
뜻을 정하고 목표를 이루어가라.

네가 살아가는 목표와
밥을 먹는 이유를 생각하라.
생명의 몸짓이 무엇인지
하늘의 뜻을 기억하라.

진리의 진수를 깨달으라.
그 뜻을 따라 살아가면
삶의 후회함이 없을지니
오늘 죽어도 좋은 하루를 살아가라.

의미를 붙잡으라.
의미 없이 먹지 말고
의미 없이 숨을 쉬지 말라.
매일 삶의 의미를 되새기라.

자신을 더럽히지 말라.
거듭난 사람만이
새 하늘과 새 땅에 들어갈 수 있나니
매일 진리의 생수로 너의 마음을 씻으라.

너희는 너희가 거주하던 애굽 땅의 풍속을 따르지 말며 내
가 너희를 인도할 가나안 땅의 풍속과 규례도 행하지 말고
Leviticus 18:3

23. 우상

어둠의 동굴에서 나오라.
무지의 망상에서 벗어나라.
너의 흐르는 생각을 분별하라.

욕망을 구하지 말고
세상의 권력 앞에 무릎 꿇지 말라.
하늘이 허락하지 않으시면
어떤 것도 땅에 떨어지지 아니하나니

무엇이 두렵고
무엇이 못미더워
그렇게 머리를
조아리는 것이더냐?

허리를 바로 세우고
고개를 굽히지 말라.
너는 하늘의 형상이니
하늘을 향하여 얼굴을 들라.

온전히 하늘에게만
머리를 숙이라.
그 외에 어떤 것에도

굴종하지 말라.

곧 죽어도 하늘의 사람이니
날선 기개를 가지고
구차하게 구걸하지 말라.

너는 축복의 기회를 주는 것이고
그는 하늘에 보화를 쌓는 것이니
하늘에 감사하게 하라.
감사로 보답하게 하라.

속빈 우상에게 절하지 말고
악마에게 영혼을 팔지 말라.
그렇게 살다가 가는 것이더냐?
그렇게 가지고 싶은 것이더냐?

너희는 헛된 것들에게로 향하지 말며 너희를 위하여 신상을
부어 만들지 말라. Leviticus 19:4

24. 인색

항상 가난한 자를 생각하라.
너의 출신을 잊지 말라.
언제부터 네가 그렇게
부하게 되었느냐?

너도 무에서 시작했다.
너의 고향은 없음이다.
네가 가지고 나온 것이 무엇이냐?

안다고 뻐기지 말고
가졌다고 으스대지 말라.
젊었다고 낭비하지 말고
늙었다고 움켜쥐지 말라.

구하는 자에게 넉넉히 주라.
하나를 구하면 둘을 주고
속옷을 구하면 겉옷까지 주라.

준비된 자에게 주라.
그렇지 아니하면
그 진주를 발로 밟고
너까지 밟으려 할 것이니

줄 자에게 주고
받을 자에게 받으라.
억지로 주지 말고
함부로 받지 말라.

지나가는 자를
그냥 보내지 말라.
구하는 자에게
눈을 돌리지 말라.

후히 넘치게 안겨주라.
감동의 눈물이 흐르게 하라.
흐르는 물은 다시 돌아오지만
지나간 기회는 다시 돌아오지 않으리니…

네 포도원의 열매를 다 따지 말며 네 포도원에서 떨어진 열
매도 줍지 말고 가난한 사람과 거류민을 위하여 버려두라.
Leviticus 19:10

25. 욕되게

너는 나의 형상을 따라
창조되었으니
내가 너에게 부여한
그 형상을 깨뜨리지 말라.

내가 너를
나의 동역자로 불렀으니
내 이름을 욕되게 하지 말라.
내 영광을 더럽히지 말라.

내가 너의 코에
나의 숨결을 불어넣었으니
너의 호흡을 잃지 말라.
숨의 들고 남을 분별하라.

의미 없이 지어진 바가 없고
이유 없이 존재하는 것이 없으니
나의 창조 세계를
고이 간직하라.

모든 생명은 거룩한 것이고
모든 존재는 평등한 것이니

나의 생명을 죽이지 말라.
네 맘대로 개조하지 말라.

네가 가진 모든 소유는
내가 너에게 맡긴 것이니
가난한 자를 멸시하지 말고
권력자 앞에 비굴하지 말라.

누가 맡겨준 권세더냐?
누가 허락한 생명이더냐?
너의 소유가 없는 것이고
네 맘대로 할 수가 없는 것.

너의 눈을 떠
역사의 진실을 보고
너의 생각을 열어
통찰의 길을 걸으라.

너희는 내 이름으로 거짓 맹세함으로 네 하나님 여호와의 이
름을 욕되게 하지 말라. Leviticus 19:12

26. 악행

세상에는
삶의 명과 존재의 목적을 잃어버린
짐승 같은 새끼들이 있다.

자기 자리를 지키기 위해
서로 물고 뜯는 개새끼들의
으르렁대는 몸짓들.

먹을 것을 쌓아놓기 위해
어둠 속을 배회하며
눈을 번득이는 쥐새끼들.

자기의 쾌락을 위해
상대를 조여 죽이고
본능대로 살아가는
독사의 새끼들.

자기의 안락을 위해
상대를 눕혀놓고
뼈까지 바수어 먹는
하이에나 새끼들.

자기의 욕망을 위해
죽은 몸둥이를 뜯어먹는
까마귀 새끼들과
대머리 독수리들.

자기의 영역이라고
그것을 지키기 위해
불을 키고 달려드는
늑대 새끼들.

인간이라면
짐승의 길을 벗어나
하늘의 길을 걸어야 한다.
생명의 길에 있어야 한다.

.

너는 네 이웃을 억압하지 말며 착취하지 말며 품꾼의 삯을 아
침까지 밤새도록 네게 두지 말며 Leviticus 19:13

27. 장애물

이웃을 괴롭히는 자는
그를 있게 한 창조자를 능멸하고
존재의 근원을 비웃는 것이다.

가난한 자를 멸시하는 것은
자기에게 은혜를 베푼
하늘을 배반하는 죄악이다.

부족한 자를 못살게 하는 것은
자기의 허물을 모르는
교만과 오만의 방자함이다.

소유를 버리고
구도의 길을 걸어가는
수행자들을 하시하는 것은
진리의 도를 모르는 무지이다.

자기의 처지를 알지 못하기에
그렇게 하는 것이겠지.
모르고 하는 것도
용서받을 순 없다.

인간이라는
일말의 양심을 가졌다면
도저히 그렇게
살아갈 수는 없는 법이다.

배운 그대로 하는 것이기에
부모를 욕되게 하는 것이며
그를 있게 한 모든 것을
배신하는 것이다.

네가 가진 것으로
그에게 자리를 주고
그의 삶을 인정하라.
세상에 너만 살아가는 것이 아니잖니?

너는 귀먹은 자를 저주하지 말며 맹인 앞에 장애물을 놓지 말
고 네 하나님을 경외하라. Leviticus 19:14

28. 비방

타인을 향해
손가락질을 하지 말라.
너 자신을 위해
자리에 앉으라.

그 손가락질은
너 자신을 가리키는 것이니
네가 뱉은 침은
네게로 떨어진다.

입을 열어
남을 비방하지 말고
그의 잘못을 들추지 말라.
그의 언행을 헐뜯지 말라.

오직 그의
좋은 점만 보라.
그가 잘 하는 것을
진심으로 칭찬하라.

칭찬으로 그를 조종하지 말고
그의 존재에 감사하라.

그가 있음으로
네가 있는 것이니

그를 밟고 딛음으로
너 혼자 올라서지 말라.
그의 손을 잡고
같이 길을 가라.

이웃의 피를 흘려
너의 배를 불리지 말라.
그렇게 먹고 살아서
어떻게 얼굴을 들려느냐?

구차하게 빌어먹지 말고
악행으로 손가락질 받지 말며
나의 자리로 올라오라.
초월의 세계로 들어오라.

너는 네 백성 중에 돌아다니며 사람을 비방하지 말며 네 이웃
의 피를 흘려 이익을 도모하지 말라. Leviticus 19:16

29. 미움

아직도 거기에 있느냐?
싫음과 좋음의 경계.
미움과 사랑의 애증.

나의 자리로 오라.
모든 것이 하나가 된
조화의 세계와
성속의 일치.

내가 거기에 있다.
네가 버린 그 자리에
내가 거기에서
너를 기다리고 있다.

하늘의 사다리에 올라
나의 하늘로 들어오라.
무아와 합일의
지고의 경지.

너의 자리에서
옳은 것은 옳다 하고
아닌 것은 아니라 하라.

불의와 섞이지 말라.
너의 침묵을 깨고
깨달음의 일성을 외치라.
어찌 죄악과 정의가
한데 거하겠느냐?

마음으로
미워하지 말고
뒷전에서
비난하지 말라.

썩어질 육신을 위해
남은 세월을 허비하지 말라.
오직 지금 거기에서
영성의 베를 짜라.

너는 네 형제를 마음으로 미워하지 말며 네 이웃을 반드시 견
책하라. 그러면 네가 그에 대하여 죄를 담당하지 아니하리라.
Leviticus 19:17

30. 거류민

기도란 삶의 본질을 살피며
지금 여기에서
무엇을 해야 할지,
하늘의 뜻을 묻는 것.

기도가 단지
자신의 욕심을 채우는 것이라면
우리는 그 기도를 지금 그쳐야 한다.
그것이 하늘의 뜻에 따르는 길일 것이니

말씀이란
역사의 강물에
자신을 비추어보는
마음의 거울인 것.

말씀이 단지
마음의 위안을 얻고
자신의 생각을 주장하는 것이라면
속히 그 입을 닫아야 한다.

예배란
하늘에 대한 경외심으로

생명의 신비 앞에
고요히 나아가는 것.

예배가 단지
성령과 은혜를 받는
기복의 통로라면
하늘이 그것을 역겨워할 것이다.

원래 하늘에서 왔다가
다시 하늘로 돌아가는 것이라면
우리는 언제나
지금 여기를 살아가는 거류민인 것.

너는 어디에서 왔느냐?
너는 어디로 가고 있느냐?
너는 어디에서 살고 있느냐?
너의 존재의 본질은 무엇이냐?

너희와 함께 있는 거류민을 너희 중에서 나은 자 같이 여기며
자기 같이 사랑하라. 너희도 애굽 땅에서 거류민이 되었었느니
라. Leviticus 19:34

31. 몰렉

네 자녀에게
불의의 재물을 남기지 말고
그들 앞에서
우상의 길을 걷지 말라.

온실에서 자란 꽃이
오래 가는 법이 없고
시련을 견디지 않은 씨가
꽃을 피울 수 없는 것이니

평안의 추구와
욕망의 결과가
그에게 주어진 인생을
그르치게 될 것이다.

우리의 모든 삶은
하나의 씨앗을 뿌리는 것이며
하늘에 바람을 날리는 것이니
그대로 후대에 재현이 될 것이다.

너의 모든 말과 행동은
네 자녀의 생각에

하나의 그림을 그리는 것이니
내가 한 그대로 남겨질 것이다.

무슨 그림을 그리든지
너의 그림은 현실이 되고
무슨 씨앗을 뿌리든지
뿌린 대로 거두게 될 것이니

수행의 삶을 살지 않고
정의의 길을 걷지 않는다면
네가 생산한 그들을
지옥으로 인도할 것이다.

너의 말 한마디와
너의 행동 하나가
그들에게 그대로
반복될 것이다.

그의 자식을 몰렉에게 주면 반드시 죽이되 그 지방 사람이 돌
로 칠 것이요. Leviticus 20:2

32. 무당

자연은 생명의 자궁이요
존재의 근원이니
우주의 산실이라.

너희가 섬길 것이 아니라
같이 살아가는 것이요
아끼고 보존해야 하는
생명의 자원인 것이니

함부로 대하지 말고
야만으로 파괴하지 말며
무참하게 파헤치지 말라.
경외로 대할 것이라.

신비를 인정하되
그것을 구하지는 말라.
신성을 바라보되
그것에 빠지지는 말라.

그런 것이 있을 수 있으나
그것이 세상의 정의를 이룰 수는 없는 것.
건강한 삶이 세상을 열리게 할 것이다.

음산한 기운을 따르지 말고
이상한 주술을 믿지 말며
그런 것으로 중생을
현혹하지 말라.

현상을 보지 말고
본질을 보며
잠간의 눈속임에
속아 넘어가지 말라.

두려움과 공포로
귀신을 의지하지 말고
눈을 뜨고 정면으로 맞이하라.
흔들리지 말고 진리로 살아가라.

접신한 자와 박수무당을 음란하게 따르는 자에게는 내가 진노
하여 그를 그의 백성 중에서 끊으리니 Leviticus 20:6

33. 공경

부모를 공경하지 않는 자는
세상에 놓아둘 필요가 없다.
사람이 세상에서 살아가는
삶의 이유가 무엇인가?

우리는 자신을 갈고 닦아
하늘에 드리기 위해서 살아간다.
그것이 아니라면
또 다른 쓰레기를 만드는 것.

세상에 넘쳐나는 것이
필요 없는 쓰레기이니
또 다른 쓰레기를 만드는 것이
무슨 의미가 있겠는가?

자기가 뿌린 씨앗을
자기가 거두는 것이니
누구를 탓할 수도 없고
누구를 욕할 수도 없다.

자기가 살아간 그대로
자기 자식도 살아갈 것.

이것이 아니라면
그것이 기적이다.

하지만 우리는 오늘도
은혜로 살아간다.
심지 않은 것도 거두게 되고
뿌리지 않은 것도 먹게 된다.

진흙 속에서도
연꽃은 피어나고
지옥 속에서도
천국은 생겨난다.

그러하니 울지 말라.
절망하거나 포기하지 말라.
하늘을 향하여 고개를 들고
마지막까지 너의 기도를 올리라.

만일 누구든지 자기의 아버지나 어머니를 저주하는 자는 반드
시 죽일지니 그의 피가 자기에게로 돌아가리라. Leviticus 20:9

34. 간음

너는 하늘의 뜻으로
세상에 나오게 되었으니
너의 거룩한 몸을
함부로 하지 말라.

깨끗한 육신에
거룩한 영성이 깃드나니
너의 영혼을 잃어버리면
어둠이 얼마나 심하겠느냐?

정욕에 마음을 빼앗기지 말라.
욕망의 불에 타버리면
무엇이 남겠느냐?

가난한 이웃의 아내를
탐내지 말라.
주어진 힘으로
수탈하지 말라.

부끄러운 줄 알라.
꽃을 꺾어야 제 맛이며
그렇게 가슴에

안아야 되겠느냐?

거룩한 길을 걸어가라.
하늘의 뜻을 따르라.
그것이 너의 삶이 되게 하라.

영광을 버린 자는
이미 하늘의 뜻을 잃었으니
살았다 하나
실상은 죽은 자니라.

먹고 즐기지 말고
수행에 뜻을 두라.
그것이 너의 삶의
목적이 되게 하라.

누구든지 남의 아내와 간음하는 자는 그 간부와 음부를 반드
시 죽일지니라. Leviticus 20:10

35. 대면

언제나 거기에 거하라.
거기에서 나오는 날이
너의 마지막이 되게 하라.

너의 문을 잠그고
하늘과 대면하라.
하늘의 소리를 듣고
밖으로 나오라.

그 소리가 없다면
그 소리가 있을 때까지
너의 자리에 앉으라.
하늘의 뜻을 기다리라.

너의 방향이
하늘의 방향인지,
너의 생각이
하늘의 생각인지,

항상 자신을 돌아보라.
자신이 없다면 움직이지 말라.
그것이 죄가 되지 않게 하라.

성소 아닌 곳이
어디에 있겠으며,
특별한 성소가
어디에 있겠느냐?

항상 너를 구별하여
네가 있는 곳이
성소가 되게 하라.
세속의 포로가 되지 말라.

자유의 광야로 나와
거기에서 나를 섬기라.
내가 너와 함께
거기에 있으리라.

그 성소에서 나오지 말며 그의 하나님의 성소를 속되게 하지
말라. 이는 하나님께서 성별하신 관유가 그 위에 있음이니라.
Leviticus 21:12

36. 흠이 있는 자

죄를 지었거든
너의 직을 그만두라.
적어도 너의 삶이
죄가 되지는 않게 하라.

네 자리에 앉아 조용히
하늘의 뜻을 기다리라.
먹고 사는 것에 감사하고
욕심을 부리지 말라.

너의 마음에
녹이 슬지 않게 하고
너의 육신을
더럽히지 말라.

내 성소를 떠나지 말라.
언제나 내 앞에 서서
나의 계시를 기다리라.
나의 소리에 귀를 기울이라.

화제를 드리지 말고
네가 화제가 되라.

너의 모든 것을
소멸의 불에 사르라.

너의 마음에
불이 꺼지지 않게 하라.
불 꺼진 화로처럼
식어지지 않게 하라.

어둠이 지배하면
아무것도 보이지 않으니
네가 어두우면
무엇이 보이겠느냐?

너 자신을 태워
세상이 밝아지게 하라.
언제나 나의 불을
지성소에 밝히라.

제사장 아론의 자손 중에 흠이 있는 자는 나와 여호와께 화제
를 드리지 못할지니 Leviticus 21:21

37. 거룩한 제물

아무것이나 먹지 말라.
허락된 만큼만 먹으라.
먹는 것에 빠지지 말라.

거룩한 것은
거룩하게 여기라.
하늘에 바쳐진 것은
하늘의 사람만 먹으라.

너희의 구별은
너희가 지키라.
거룩한 것은
거룩하게 구별하라.

하늘의 것은
하늘에 드리라.
너희 것으로
생각하지 말라.

떨리는 마음으로
정직하게 사용하라.
그것으로 너의

배를 채우지 말라.

일한 사람은
그의 삯을 받고
거룩한 것은
범하지 말라.

이웃의 것을
수탈하지 말라.
너의 야욕으로
이용하지 말라.

그냥 놔두라.
너의 것처럼
간섭하지 말라.
하늘을 하늘 되게 하라.

일반인은 성물을 먹지 못할 것이며 제사장의 객이나 품꾼도
성물을 먹지 못할 것이니라. Leviticus 22:10

38. 성회

시간의 노예가 되지 말고
시간의 주인이 되라.
너의 시간을
네가 계획하라.

일속에 파묻히지 말라.
너는 너의 일로
살아가는 것이 아니라
나의 일로 살아가는 것이니

그날에는
너의 하는 일을 멈추라.
아무것도 하지 말고
안식을 누리라.

모든 것을 놓으라.
네가 손을 놓아도
지구는 돌아가고
바람은 불어오니

너와 함께 하는 것에게도
일을 시키지 말라.

자유의 날과
해방의 날을 기억하라.
너도 노예의 땅에서는
이와 같았으니
모두다 똑같이
안식을 지키라.

너의 영혼을 경성하라.
거룩한 모임을 가지라.
너의 자리에 앉아
계시를 기다리라.

내가 거룩하게 한 날을
사사로이 범하지 말라.
내가 내린 복을 버리지 말라.
내가 누린 복을 너도 누리라.

엿새 동안은 일할 것이요 일곱째 날은 쉴 안식일이니 성회의
날이라. 너희는 아무 일도 하지 말라. Leviticus 23:3

39. 속죄일

아직도 거기에 있느냐?
너의 짐이 너무 무거워
일어서지 못하고 있느냐?
앞으로 나가지 못하고 있느냐?

나에게 오라.
내가 너의 짐을 벗기리라.
영원의 형벌에서
해방을 시키리라.

죄안에 있는 자는
거기에서 벗어나지 못해
일생을 끌려 다니며
세월을 허비하고 있다.

장차 심판대 앞에
설날을 생각하며
두려움에 떨고 있다.

누구나 죄를 지을 수는 있는 것.
세상에 죄 없다 할 수 있는 자가
어디에 있겠는가?

그러나 누군가가
그 멍에를 끊어야 한다.
자신의 피를 흘려
저주를 깨뜨려야 한다.

죄에서 벗어나
성화와 순례의 길,
그 길을 걸어야 한다.

내가 그 일을 하리라.
내가 십자가를 지리라.
시간의 문을 열고 일어나
부활의 역사를 시작하리라.

이 날에는 어떤 일도 하지 말 것은 너희를 위하여 너희 하나님
여호와 앞에 속죄할 속죄일이 됨이니라. Leviticus 23:28

40. 초막절

당신 앞에 나아가니
당신의 문을 여소서!
우리가 당신 앞에 서있나이다.

당신의 날을 기억하며
깨어있게 하소서!
우리가 거기에 있었나이다.

쓴 나물과
고통의 떡을 먹사오니
거기가 은혜의 날이었나이다.

망각은 죽음이고
우리가 광야에 있었으니
당신의 은혜를 기억하나이다.
그것을 잊지 않겠나이다.

언제나 깨어
당신 앞에 서서
당신과 함께
길을 걷겠나이다.

기름진 고기와
부드러운 빵으로
우리의 영혼을
망치지 아니하며

욕심을 풀어놓고
욕망의 탑을 쌓아
광야의 영성을
버리지 않겠나이다.

당신의 성소에
나의 초막을 치오니
우리 위에
당신의 성막을 세우소서!

일곱째 달 열닷새 날은 초막절이니 여호와를 위하여 이레 동
안 지킬 것이라. Leviticus 23:34

41. 안식 년

깨달은 자에겐
고난이란 없다.
모든 것이 합력하여
선을 이룰 뿐이다.

하늘의 세계엔 언제나
진리의 바람이 분다.
항상 평안이요
영원한 안식이다.

모든 것을 내려놓은 자는
감정의 격동이 없다.
모두 마음에서 일어나는
그림자의 움직임일 뿐.

좋음도 없고
싫음도 없는
모든 것이
그 안에 있다.

삶이 수행이요
신앙이 성화이니

우리는 날마다
그 안에서 살아간다.

그곳이 초월이며
거기가 구원이다.

하고 싶어도 하지 않는
그것이 안식이요
하지 않음이 허락되는
그것이 은혜이다.

이제 쉬어라.
내가 너를 쉬게 하리니
이것이 너희를 위한
하늘의 법이로다.

일곱째 해에는 그 땅이 쉬어 안식하게 할지니 여호와께 대한
안식이라. Leviticus 25:4

42. 희년

그 안에 있으니
매일이 기쁨이요
그와 함께 하니
언제나 은혜로다.

그의 뜻을 따라 살아가니
여기가 천국이요
욕심에 머물지 않으니
지금이 지복이다.

이렇게 살다가
하늘로 돌아감이
창조의 원뜻이요
그의 형상을 이룸이다.

원래의 그 뜻대로
말씀을 따라 사니
진리의 해방이요
천국의 구현이다.

그렇게 살아간다.
아무런 소유도

어떤 집착도 없이
구원을 누리는 것이다.

그분의 바람처럼
거룩한 영혼으로
태고의 수면 위를
운행하는 것이다.

기쁨을 간직하고
해방을 선포하며
그의 나라를 이루는 것이다.

갇힌 바람을 자유롭게 하며
그의 깨어진 형상을
회복하는 것이다.

너희는 오십 년째 해를 거룩하게 하여 그 땅에 있는 모든 주민
을 위하여 자유를 공포하라. Leviticus 25:10

43. 계수

자랑스러운 이름을
영원히 남게 하라.
너희 자손 대대로
그 이름을 남기라.

지금 먹고사는 것에
너의 이름을 팔지 말라.
더러운 배신자로
역사에 남기지 말라.

차라리 그러할 진대
너의 자리를 파고
땅 속으로 들어가라.

구차한 목숨을
유지하지 말라
지금 죽어도
바름을 추구하라.

부끄러운 얼굴을
내 앞에 들지 말라.
너로 인하여

나를 부끄럽게 하지 말라.

한발자국도
물러서지 말라.
앞으로 나서서
정면으로 대항하라.

두려워하는 자는
그것으로 망하게 될 것이고
비겁한 자는
수없이 죽게 될 것이다.

손바닥으로 하늘을 가릴 수 없고
역사는 결코 숨길 수 없으니
내 앞에서 반드시
그의 이름을 기억하리라.

너희는 이스라엘 자손의 모든 회중 각 남자의 수를 그들의 종
족과 조상의 가문에 따라 그 명수대로 계수할지니 Numbers 1:2

44. 레위인

여호와의 열심으로
너의 성소를 지키라.
그들을 택하여
역사를 이루게 하라.

성막에 진을 치고
밤을 지새우라.
불을 피우고
기도의 향을 올리라.

너희의 몸으로
하늘의 진노를 막으라.
너희의 기도로
불의의 탑을 허물라.

무엇이 진실인지
진리를 밝혀내라.
거짓 평화를 드러내
참된 평화를 이루라.

내가 거하는 성소를 지키라.
탐욕의 욕망이

지배하지 못하게 하라.

생명이 태어나고
신성이 임하는 자연을
성스럽게 간직하라.

다시 세워야 한다.
지구의 파멸을 정지시킬 수 있는
생명의 전사들이 필요하다.

피조물의 탄식이 들리지 않느냐?
마지막 죽어가는 단발마의 비명.
내가 죽으면
너희도 죽으리라.

레위인은 증거의 성막 사방에 진을 쳐서 이스라엘 자손의 회
중에게 진노가 임하지 않게 할것이라. Numbers 1:53

45. 동방

아직도 나에게는
이것이 남아있다.
내일도 해가 뜬다는 것.
그리고 길을 걸어야 한다는 것.

회색빛 절망에 젖어서
희망을 포기한 발길이 있고
내일 뜨는 태양을 기다리며
동쪽을 향하는 발길이 있다.

나는 언제나 그쪽을 바라본다.
여명이 밝아오고
태양이 떠오르는
역사의 현장에서

정의를 따르고
평화를 원하는
진리의 사자들은
이 깃발 아래 모이라.

해 돋는 쪽을 지키라.
그 어느 누구도

그곳을 범하지 못하게 하라.

태양과 만월이
그대로 존재하게 하라.
구름이 더 이상 세상을 가리지 못하도록
우리가 이 하늘을 지켜야 한다.

언제 우리의 불을 밝힐 것인가?
언제 이 땅의 정기를 바로잡고
서로 손을 잡고 하나가 되어
세상의 희망이 될 것인가?

이것이 내가 아침마다
자리에서 일어나
동쪽을 바라보며
기도를 올리는 한 가지 이유인 것.

동방 해 돋는 쪽에 진칠 자는 그 진영별로 유다의 진영의 군기
에 속한 자라. Numbers 2:3

46. 남쪽

북은 남의 따뜻함이 있어야 하고
남은 북의 시원함이 있어야 한다.
이렇게 북남은 하나가 되어
온전한 조화를 이루게 된다.

이것이 태극의 도가 아니겠는가?
서로 어울려 합일을 이루어
세상에 빛을 비추는 것.
세상을 살맛나게 하는 것.

살맛이 아니라 죽을 맛이요
거기에서 전쟁이 시작된다면
없는 것만 못한 것이기에
그것이 죄악인 것이다.

수치를 모르는 사람이라면
무슨 말을 더 하리요?
사람이기를 포기한 것이기에
상대할 가치가 없는 것이리라.

이렇게 하나가 되어
세상을 살리고

평화를 이루어
아름다운 세상을 만들어 나간다면

아무것도 못할 지라도
아무런 희망이 없을지라도
이것만큼은 이루고
하늘로 돌아가야 할 것.

이를 위하여 세상을 사는 것이니
사랑하는 사람들아,
무엇을 위하여
남은 삶을 바칠 것인가?

정신과 혼이 깨어야 한다.
하늘의 정기를 살려야 한다.
평화의 사람들이 일어나
생명의 깃발을 들어야 한다.

남쪽에는 르우벤 군대 진영의 군기가 있을 것이라. 르우벤 자
손의 지휘관은 스데울의 아들 엘리술이요. Numbers 2:10

47. 서진

날마다 위대한 역사가
일어나게 하라.
매일이 브니엘의 아침이 되게 하라.
서쪽으로 나아가라.

지는 해를 바라보며
새로운 날을 준비하라.
아름답게 불타올라
내일이 생겨나게 하라.

어두운 밤을 지나
새벽이 찾아올 때까지
너의 자리에서
시간을 견디어내라.

웅지의 담지 없이
불타는 노을 없이
새로운 아침은
찾아오지 않을 것이니

지는 것을 아쉬워하지 말고
사라짐을 두려워하지 말라.

언제나 시간은 남아있다.

고난의 위기 속에서
하늘의 소리가 들려오리니
귀를 열어 그 소리를 들으라.

간절한 기도 속에서
하늘이 응답할 것이니
새벽의 아들이여,
견디고 견디어 내라.

위대한 결단 앞에서
생명의 아침은 찾아올 것이니
지금 너를 드려
하늘의 역사가 일어나게 하라.

서쪽에는 에브라임의 군대의 진영의 군기가 있을 것이라. 에브
라임 자손의 지휘관은 암마훗의 아들 엘리사마요. Numbers 2:18

48. 북진

북으로 올라가라.
동토의 땅을 녹여
한 그루의 나무를 심으라.

그리하여 마침내
생명의 숲이 우거지게 하라.
진리의 꽃이 피어나게 하라.

가난한 영혼들을
가슴에 품고
네 안에서
뭇 생명이 살아나게 하라.

너를 향한
하늘의 소리를 들으라.
너의 존재에
삶의 의미를 부여하라.

차가운 바람을 마주하고
눈보라를 향해 나아가라.
언젠가 마지막이 올 것이다.
하늘이 열리게 될 것이다.

세상이 고요하고
적막이 지배하여
온전히 평화만 존재하는
그 나라가 올 것이다.

거기에 너의 집을 지으라.
거기에서 이 땅의 평화를 위해
기도를 올리라.

끝까지 전진을 멈추지 말라.
마지막 숨을 몰아쉴 때까지
삶의 완성을 이룰 때까지
계속해서 앞으로 나아가라.

북쪽에는 단 군대 진영의 군기가 있을 것이라. 단 자손의 지휘
관은 암미삿대의 아들 아히에셀이요. Numbers 2:25

49. 장자

한 처음에
내가 태어났다.
하늘의 점지로
내가 여기에 왔다.

그것은
하늘의 뜻을 이루기 위한
성령의 역사였다.
그것이 하늘의 바람이었다.

처음 아닌 것이
어디에 있으며
나중 아닌 것이
어디에 있겠는가?

첫 사람이 죄를 범해
하늘에서 떨어졌다.
하늘 뜻을 이룸이 아니라면
삶이란 무슨 의미가 있겠는가?

그리하여 하늘의 첫 사람이
너희를 위해 자신을 드렸으니

너희의 첫 아들은
다 내 것이다.

나를 위해 살라.
책임적인 존재가 되라.
세상에 어떻게 공헌할까,
그것을 생각하라.

매일 새 아침이 시작되고
언제나 새 날이 찾아오니
모든 것이 처음이요
항상 새로운 것이다.

삶이 수행이고
인생이 거룩한 순례라면
너의 탄생을 날마다 축하하라.
날마다 새롭게 무덤에서 일어나라.

처음 태어난 자는 다 내 것임은 내가 애굽 땅에서 그 처음 태어
난 자를 다 죽이던 날에 이스라엘의 처음 태어난 자는 사람이
나 짐승을 다 거룩하게 구별하였음이니 그들은 내 것이 될 것
임이니라. Numbers 3:13

50. 의심의 소제

무엇을 그렇게
못미더워하느냐?
그가 너의 소유인 것이더냐
모두가 자유인이 아닌 것이더냐?

자기가 버릴 권리가 있고
자기가 택할 자유가 있으니
그에게 자신의 삶을 맡기라.
자기가 자기의 삶을 살게 하라.

억지로 강요하지 말라.
그의 행위가 너에게
모욕을 주는 것이더냐?
그가 너를 무시하는 것이더냐?

다만 세상에 마음을 빼앗기지 말라.
홀로 있지 말라.
정욕이 틈타지 못하게 하라.
삶의 승리가 여기에 있는 것이니

네가 시험에 들고
음욕의 유혹에 빠지면

하늘의 능력을 잃어버리고
네 인생에 오점을 남기는 것이니

네 자신을 갈고 닦아 하늘에 드리라.
그것이 너의 삶의 목적이고
네가 이 땅에서 살아가는
한 가지 이유인 것이다.

다 잃어버리고
다 버릴지라도
한 가지 기억할 것이 있으니
존재의 의미를 상실하지 말라.

언제나 하늘을 바라보라.
자신을 쳐서 수행의 길을 걸어가라.
날마다 죽고 다시 태어나는
새 아침의 순례자로 살아가라.

이는 의심의 소제요 죄악을 기억하게 하는 기억의 소제라.
Numbers 5:15

51. 나실인

당신의 뜻을 따르겠습니다.
매일 나를 갈고 닦아
나를 온전히 드리겠습니다.

포도주와 독주를 금하고
욕망의 음식을 피하며
본능의 자극을 버리겠습니다.

부정한 말을 하지 않으며
거짓된 것을 자르겠습니다.
내 입술로 당신을 찬양하며
당신께 영광을 드리겠습니다.

날마다 순례의 길을 걸어가며
내 자리에서
하늘의 뜻을 따르겠습니다.
거룩한 기도를 올리겠습니다.

머리에 삭도를 대지 아니하며
잡념과 헛된 생각을
멀리하겠습니다.
오로지 당신만 생각하겠습니다.

계산으로 생각하지 아니하고
당신과 거래하지 아니하며
언제나 당신을 성소에 모시겠습니다.

거룩한 길을 걸어가겠습니다.
죽음으로 의로움에 복종하며
항상 당신 앞에 무릎을 꿇겠습니다.

그것만이 나의 호흡이며
그 길을 걸어감이
내 삶의 이유로 삼겠습니다.

그 외에 어떤 것도
나를 범할 수 없으며
나를 무릎 꿇게 할 수 없습니다.

남자나 여자가 특별한 서원 곧 나실인의 서원을 하고 자기 몸
을 구별하여 여호와께 드리려고 하면 Numbers 6:2

52. 아론의 축도

그와 함께하니
기쁨이 오고
그의 자리에 앉으니
무한의 행복이라.

누구도 빼앗을 수 없는
지고의 자리.
그와 함께 길을 가니
자유의 길이로다.

어둠이 물러가면
새 아침이 찾아오고
여명이 밝아오면
역사가 일어날 것.

그를 향하여
너의 얼굴을 들라.
너의 마음을 모아
기도를 올리라.

드리고 쌓이면
언젠가 폭발하여

막혔던 저주가 풀리고
갈라진 벽이 무너지리니

하늘의 등불이여,
거룩한 백성이여,
너의 두 손에
미래가 걸렸도다.

희망을 잃지 말고
꿈을 버리지 말라.
끝까지 잡고 있던
네 손을 놓지 말라.

그가 너를 지키며
너에게 은혜를 베풀고
그의 얼굴을
네게로 향하리라.

여호와는 네게 복을 주시고 너를 지키시기를 원하며 여호와
는 그의 얼굴을 네게 비추사 은혜 베푸시기를 원하며 여호와
는 그의 얼굴을 네게로 향하여 드사 평강 주시기를 원하노라.
Numbers 6:24-25

3 장

살아갈 날들

53. 구름

구름을 따라 흘러간다.
어차피 인생이란
한 조각 흘러가는 구름과 같은 것.

모였다 사라지고
사라졌다 나타나
눈비가 되어 땅을 적시게 된다.

하나의 구름 되어 그렇게 살아간다.
때론 비구름이 되고
때론 눈구름이 되어

있다가도 없어지고
없다가도 생겨나니
세상의 모든 일이 다 구름과 같다.

어차피 우리는 순례자로 살아간다.
욕심 부릴 것도 없고
높이 쌓을 것도 없다.

기름 낀 배때기는
심장마비 불러오고

높이 기어오른 자리는
굴러 떨어지게 될 것이니

구름이 떠오를 때에는
구름을 따라 올라가고
구름이 머무를 때에는
그와 함께 기다린다.

걸어가는 맛이 있으면
기다리는 맛도 있으니
그 맛을 알고 걸어가면
천지가 안식처일 것이다.

그를 따라 삶을 살아간다.
그와 함께 안식을 누린다.

구름이 성막에서 떠오르는 때에는 이스라엘 자손이 행진하였
고 구름이 머무는 곳에 이스라엘 자손이 진을 쳤으니 Numbers
9:17

54. 나팔

나팔을 만들라.
너 자신을 두드려
찬란한 은빛이
쏟아지게 하라.

날마다 갈고 다듬어
그리하여 마침내
하늘의 소리가
들리게 하라.

거룩한 순례를
출발하게 하라.
하늘의 역사를
시작하게 하라.

한번 울리어 불면
그 자리에 엎드려
너 자신을 돌아보라.
갈 길을 돌이켜 하늘을 보라.

두 번 울리어 불면
자리에서 일어나

행렬을 준비하라.
너를 기다리는 새 땅으로 향하라.

세 번 울리어 불면
행렬을 지어 출발하라.
언제까지 거기에
머물러 있겠느냐?

모두 합쳐서 불면
전쟁을 준비하라.
어디에서 적들이 나타나
너희를 삼킬지 모르는 것.

두 번 울리어 합쳐서 불면
일제히 함성을 지르며 적진을 돌파하라.
너희가 힘을 합하면
천지가 너희 앞에 무릎을 꿇으리라.

은 나팔 둘을 만들되 두들겨 만들어서 그것으로 회중을 소집
하며 진영을 출발하게 할 것이라. Numbers 10:2

55. 동행

일어나 같이 가자.
때가 되었다.
우리를 찾는 자들이 가까이 왔다.
어차피 한 번은 가야 하는 것.

그가 우리를 부르신다.
우리의 목표가 앞에 있고
모든 것이 준비되어 있다.
이제 걸어가기만 하면 된다.

서로의 손을 잡고
마음을 다독이면서
갈 수 있는 만큼
가는 것이다.

가는 곳마다
영성이 깃든 신성이 있고
사랑하는 사람들이
그곳에서 있으니

세월의 모든 짐을 내려놓고
그와 함께 길을 가는 것이다.

순례의 노래를 부르며
그의 소리를 따르는 것이다.

같이 걸어갈 수 있으니
얼마나 마음 든든한가?
혼자라도 관계없지만
둘이라면 더 좋은 것.

내가 못가면
네가 가는 것이고
우리가 못가면
후대가 가는 것이다.

하늘의 역사는
반드시 이루어질 것.
그 믿음을 가지고
오늘의 길을 걸어간다.

우리와 동행하면 여호와께서 우리에게 복을 내리시는 대로 우
리도 당신에게 행하리이다. Numbers 10:32

56. 탐욕

생명의 삶을 살라.
믿는다고만 하지 말고
그 믿음대로 살라.
하늘의 뜻을 따르라.

모든 생명과 같이 살라.
너 혼자 사는 것이 아니지 않는가?
너 혼자 잘 살아서
무슨 의미가 있겠는가?

서로 도와가며
같이 살아가라.
너희의 힘을 합하여
생명의 세상을 만들라.

하늘의 뜻을 이루라.
너만 먹고 살겠다고
탐욕을 부리지 말라.
네 목구멍만 생각하지 말라.

하늘이 주신 자원을 아끼라.
최소한의 쓸 것만 사용하라.

그것이 하늘의 뜻을 따르는
겸손한 삶이리라.

가난한 삶을 살라.
네 스승도 그렇게 살았다.
생명의 사람은
교만하지 않는다.

욕망의 세계를 벗어나라.
탐욕의 세상은 반드시 망하리라.
그 끝이 멀지 않으리라.
그가 뿌린 대로 거두게 되리라.

생명의 원리를 따르고
생명의 윤리를 섬기라.
나를 섬긴다고 하지 말고
살아있는 모든 생명을 섬기라.

그들 중에 섞여 사는 다른 인종들이 탐욕을 품으매 이스라엘
자손도 다시 울며 이르되 누가 우리에게 고기를 주어 먹게 하
랴? Numbers 11:4

57. 만나

이것이 무엇이냐?
하늘이 내린 음식이로다.
거친 광야를 지나게 하며
생명을 살게 하는 것이로다.

달콤한 음식을 탐하지 말라.
너의 몸을 살리고
너의 영혼을 살게 하는
생명의 음식을 즐거워하라.

생명의 사람은
생명의 음식을 먹어야 한다.
탐욕의 음식을 멀리하고
광야의 음식을 즐겨야 한다.

거친 것일수록
야성을 살아나게 하고
너의 입에 쓸수록
영성을 살게 할 것이다.

그것이 너를 괴롭게 하며
너의 가시가 되는 것이더냐?

그것이 바로
영혼의 음식이다.

매일 먹을 것만
광주리에 담으라.
그날의 음식은
그날에 족한 것.

그날 내린 것은
그날에 온전히 먹으라.
내일을 위하여
따로 남겨두지 말라.

그날에는
그날의 은혜만 내리리니
그날의 것은
그날에 구해야 할 것이다.

만나는 깟씨와 같고 모양은 진주와 같은 것이라. Numbers 11:7

58. 바람

당신은 나의 바람입니다.
당신의 숨결을 나에게 불어
내 안에 생명의 바람이
일게 하셨습니다.

당신은 우리의 바람입니다.
우리 위를 운행하여
우리를 살아나게 하시며
우리를 타오르게 하셨습니다.

바람이 불 때마다
당신을 생각합니다.
우리도 당신의 바람을 따라
세상을 운행합니다.

바람처럼 자유롭게
바람같이 가벼웁게
그 바람이 바로
나의 바람입니다.

하여 이제 우리는
당신의 바람이 되었습니다.

당신의 바람을 세상에 불어
세상을 살게 해야 합니다.

우리가 당신의
바람이 되어야 합니다.
당신의 바람을 불게 하여
평화의 나라를 이루어야 합니다.

어디에서 그 바람이
불어오는 것일까요?
그 바람을 나에게 불어
나를 살게 하옵소서!

언제나 그렇게
하늘의 바람이게 하시며
세상의 바람에 흔들리지 아니하는
생명의 바람이게 하옵소서!

바람이 여호와에게서 나와 바다에서부터 메추라기를 몰아 진
영 곁 이쪽저쪽 곧 진영 사방으로 각기 하룻길 되는 지면 위 두
규빗 쯤에 내리게 한지라. Numbers 11:31

59. 들으심

비방하는 자는
그 비방함으로
자기가 그 열매를
먹게 될 것이다.

감사하는 자는
그 감사함으로
자기가 그 열매를
거두게 될 것이다.

무서운 저주가 찾아올 것이다.
참 자기를 알지 못하고
하늘의 뜻을
알지 못하는 자들.

자기가 어디에서 왔으며
어디로 가는지도 모르고
존재의 근원을 상실한
뿌리가 없는 자들.

그 입에 발린 가증한 고백은 그만하고
네가 나왔던 과거와

네가 가야할 미래를 직시하라.

생명의 자리를 알지 못하고
저만 잘 살고 편하겠다고
온갖 탐식을 일삼는다.

언제부터 그렇게
잘 살게 되었느냐?
무엇으로 너희가
먹고 사는 것이더냐?

네가 받은 말씀이 무엇이더냐?
그렇게 믿음의 확신으로
너희만 천국에
들어가고 싶은 것이더냐?

그들이 이르되 여호와께서 모세와만 말씀하셨느냐? 우리와도
말씀하지 아니하셨느냐 하매 여호와께서 이 말을 들으셨더라.
Numbers 12:2

60. 악평

그 땅은 너무 높아
오르기가 힘이 드나이다.
숨이 턱에 올라
가슴이 터지나이다.

언제나 구름에 덮여
끝이 보이지 않나이다.
항상 먼지가
가득 차 있나이다.

비가 너무 적어
곡식이 자랄 수 없나이다.
먹을 것이 별로 없이
배가 고프나이다.

거친 모래 바람으로
눈을 뜰 수가 없나이다.
입속에 모래가 가득하여
밥처럼 씹히나이다.

언어가 너무 많아
알아들을 수가 없나이다.

온갖 사람들이 모여 사는
인종의 전시장이나이다.

비가 오면 흘러버려
땅에 스며들지 않나이다.
땅이 너무 박하여
살 수가 없나이다.

언제나 구름에 덮여
앞을 볼 수가 없고
바람이 불어오면
숨을 쉴 수가 없나이다.

번개가 치고 돌풍이 불어와
땅이 흔들리고 하늘이 무너지나이다.
우리가 꼭 이 땅으로
들어가야 하는 것입니까?

이스라엘 자손 앞에서 그 정탐한 땅을 악평하여 이르되 우리
가 두루 다니며 정탐한 땅은 그 거주민을 삼키는 땅이요 거기
서 본 모든 백성은 신장이 장대한 자들이며 Numbers 13:32

61. 우리의 눈으로

우리는 그들 앞에
메뚜기와 같습니다.
사람이 아니요
벌레들입니다.

그들에게 비하면
우리는 난쟁이요
무력하고 힘없는
노예들입니다.

우리는 죄인이라
당신 앞에 설 수가 없습니다.
태어날 때부터
죄 속에서 태어났습니다.

당신과 아무런
접촉점이 없습니다.
당신의 도우심이 없으면
일어설 수가 없습니다.

우리는 완전히 타락한
멸망할 인간들입니다.

한 점의 자존감도
남아있지 않습니다.

우리가 무엇을 할 수가 있겠습니까?
당신이 하라는 대로
당신이 가라는 대로
그대로 할 뿐입니다.

당신의 심판이 두려워
아무것도 할 수가 없습니다.
잘못된 길로 걸어갈까 무서워
그냥 자리에 있겠습니다.

그러면 잘못했다고 비난받는
그런 일은 면할 수 있을 것입니다.
가만히 있으면
중간이라도 갈 수 있지 않겠습니까?

거기서 네피림 후손인 아낙 자손의 거인들을 보았나니 우리는
스스로 보기에도 메뚜기 같으니 그들의 보기에도 그와 같았을
것이니라. Numbers 13:33

62. 통곡

절망이 소리를 지르며
체념이 밥상을 차린다.
장벽이 너무 높아
앞으로 나갈 수 없다.

앞길엔 대해가 놓여있고
뒤에는 전차가 쫓아온다.
앞으로 갈 수도 없고
뒤로 물러갈 수도 없다.

우리는 아무런
할 수 있는 일이 없다.
그저 하늘의 기적만
바랄 수 있을 뿐.

이것이 지금 우리가 할 수 있는
최선의 일이다.
이렇게 통곡하면
하늘이 불쌍히 여기시겠지.

이것이 우리에게 남겨진
마지막 일이다.

우리가 손에 들 수 있는
최후의 낫이다.

이것이라도 들어야 한다.
이것밖에 들 수가 없다.
그 외에 우리가
무엇을 할 수가 있겠는가?

죽음의 기운이 덮어 누르고
저항을 잃어버린 노예의 행렬이
줄을 지어 걸어가고 있다.

우리의 희망은 어디에 있는가?
부정의 강이 흐르는 곳엔
생명의 나무가 자랄 수 없다.

온 회중이 소리를 높여 부르짖으며 백성이 밤새도록 통곡하였
더라. Numbers 14:1

63. 우리의 밥

먹고 먹히는 세계에서는
먹는 자가 살게 된다.
먹는 자는 더 먹게 되고
강한 자는 더 강하게 된다.

두려움은 공포를 낳고
공포는 절망을 낳는다.
그리고 절망이 계속되면
저절로 죽음을 택하게 된다.

죽더라도 눈을 뜨고 죽어야 한다.
눈을 뜨고 죽는 자는
자기가 죽는다는 것은 알 수가 있다.

눈을 감고 죽는 자는
살아있는 것도 알 수가 없는 것.
그는 죽음에 먹히는 것이다.

너희가 나를 죽이고 있느냐?
너희가 나를 죽일 수 있느냐?
나의 몸을 죽일 순 있겠지만
나의 영혼을 죽일 순 없으리라.

이것이 바로 영원히 멸망하거나
세상에서 사라지지 않는
불멸의 나라인 것.

나는 언제나
그 세계에서 살아간다.
그래서 내가 담대하게
세상을 이기는 것이다.

몸을 죽이는 자를 두려워하지 말고
영혼을 죽일 수 있는 자를 두려워하라.
두려워할 자를 두려워하고
믿어야 할 자를 믿으라.

다만 여호와를 거역하지 말라. 또 그 땅 백성을 두려워하지 말
라. 그들은 우리의 먹이라. 그들의 보호자는 그들에게서 떠났
고 여호와는 우리와 함께 하시느니라. Numbers 14:9

64. 어느 때까지

너희의 날이
어느 때까지 인가?
너희가 한 가닥 숨을 쉬며
살아갈 날을 알고 있는가?

그 날을 너희가 안다면
그렇게 함부로
손바닥으로 하늘을 가리며
하루를 살아가지는 않을 것.

하늘이 알고
너 자신이 알 것이다.
진리가 반드시 승리하고
의인들이 상급을 받는다는 것을.

그렇지 않다고 하더라도
그 자체가 벌써 너희를 심판하고 있다.
마음이 밝으면
하늘도 밝은 것.

하늘을 향하여
얼굴을 들고 살라.

너의 마음을 감추고
속으로 두려워하지 말라.

번개가 쳐도
나를 위한 것이고
천둥이 울리더라도
나를 위한 것이리니

너희의 날이
얼마 남지 않았음을 알라.
하루를 살더라도
의롭게 살라.

하늘을 멸시하지 말고
너의 마음을 감추지 말라.
때가 되면
그 역사가 밝히 드러나리라.

이 백성이 어느 때까지 나를 멸시하겠느냐? 내가 그들 중에
많은 이적을 행하였으나 어느 때까지 나를 믿지 않겠느냐?
Numbers 14:11

65. 들린 대로

무서운 말이다.
한 점 오차도 없이
뱉은 대로 이루어지고
들린 대로 행해진다면

한마디 말이라도
함부로 할 수가 없고
한조각 생각도
버려둘 수가 없다.

내가 한 말로
내가 먹게 될 것이고
내가 떠올린 생각대로
꿈의 세계가 펼쳐진다면

이것만 안다고 해도
우리의 삶에는
엄청난 열매가
맺히게 될 것이다.

모든 상처가 말로 생겨나고
모든 다툼이 입에서 시작되니

마음에 들리는 말이
행동을 일으키는 것.

이 진리를 알고
그대로 살아간다면
새로운 세계가
열리게 될 것이다.

죽음을 걸고
하늘 앞에 맹세하노니
죽는 소리는 결코
입에 담지 않을 것이고

현실을 직시하여
허황된 소리는 늘어놓지 않되
마지막엔 언제나
희망의 소리를 외칠 것이다.

내 삶을 두고 맹세하노라. 너희 말이 내 귀에 들린 대로 내가
너희에게 행하리라. Numbers 14:28

66. 사십 년

너희의 하루가
나의 일 년이 될 것이다.
너희의 날이
나의 날이 될 것이다.

너희의 입으로 뱉은 말이
그대로 이루어질 것이니
무에서 유가 나올 수 없고
그저 떨어지는 것은 있을 수 없다.

아무 생각 없이 너희가 뱉은 말을
내가 정하게 하기 위해서는
내가 너희를 위하여
죽어야 할 것이다.

죽음과 희생 없이
이루어지는 일이
어디에 있겠는가?

그것을 알라.
그것을 기억하라.
그것을 너희가 안다면

그렇게 함부로 살아가지는 못할 것.

너희의 신발이 다 닳도록
광야 길을 걸어야 할 것이고
너희의 옷가지가 다 헤어지도록
거센 바람을 맞아야 할 것이다.

그 소리를 들은 모든 귀는
내가 안고 가리라.
그 귀를 씻어
너희 자신이 되게 하리라.

때가 차면
너희에게 돌아오리니
그 날을 기다리며
너의 길을 걷고 또 걸으라.

너희는 그 땅을 정탐한 날 수인 사십 일의 하루를 일 년으로 쳐
서 그 사십 년간 너희의 죄악을 담당할지니 너희는 그제서야
내가 싫어하면 어떻게 되는 지를 알리라. Numbers 14:34

67. 표징

너희의 옷에
거룩한 술을 달라.
붉은 띠를
너희 몸에 두르라.

너희의 몸에
거룩한 옷을 입으라.
손목에 매어 기호로 삼고
몸에 둘러 정결케 하라.

결코 너희의 몸에서
그것을 떼어내지 말라.
내가 너희를 불러내었고
내가 너희를 속량했으니

너는 나의 것이라.
내가 너를
나의 생명으로 샀노라.

내가 너를 건져내었고
나의 광야로 불렀으니
나와 함께 길을 가자.

순례의 노래를 부르자.

욕망의 길을 걷지 말고
성화의 길을 걸으라.
한 순간도
마음을 놓지 말라.

떠오르는 태양을 보고
너를 지키는 달을 보라.
그것이 존재하는 한
내가 너와 함께 함을 알라.

자기가 생각하는 그것을
삶에서 행하게 되는 것이니
너희의 보는 눈이 복되게 하고
너희의 하는 생각이 거룩하게 하라.

이 술은 여호와의 모든 계명을 기억하여 준행하고 너희를 방
종하게 하는 자신의 마음과 눈의 욕심을 따라 음행하지 않게
하기 위함이라. Numbers 15:39

68. 거역

귀가 열렸다고
마음의 소리를 듣는 것은 아니고
눈이 떠졌다고
하늘의 역사를 보는 것은 아니다.

나아갈 때가 있으면
물러날 때가 있으니
삶의 출입을 아는 것은
인생의 길을 아는 것이라.

무엇을 위하여
여기까지 걸어왔는가?
무엇을 하려고
이곳까지 올라왔는가?

하늘이 부르시면
모든 것을 버려야 하고
운명이 부르시면
그에 순종해야 한다.

하늘의 역사를
거스르지 말라.

생명의 흐름에
반항하지 말라.

때가 되면
너 자신을 드려
생명의 역사를 이루어야 한다.
너 자신을 불살라야 한다.

한 번 드려
역사를 이룬다면
그보다 위대한 일이
어디에 있겠는가?

마지막 자신으로
하늘의 문을 연다면
기꺼이 자신을 드려
역사를 이루어야 하리라.

모세가 엘리압의 아들 다단과 아비람을 부르러 사람을 보냈더
니 그들이 이르되 우리는 올라가지 않겠노라. Numbers 16:12

69. 새 일

그때 역사가 일어났다.
땅이 흔들리고
집이 무너져 내릴 때
사람들은 그에게 돌아왔다.

그때 우리는
하늘의 음성을 들었다.
폭풍 속에서
세미한 음성이 들렸다.

내가 새 일을 행하리라.
내가 바람을 일으키리라.
너의 영혼이 흔들리리라.
사람들이 생명으로 나아오리라.

그때 우리는 남은 삶 동안
무엇을 해야 할 것인지를
깨닫게 되었다.

땅이 흔들릴 때
모래 위에 지은 집들은
먼지처럼 무너져 내렸다.

그 먼지가 하늘을 덮었다.

흔들려야
새 일이 일어난다.
무너져야
새 집을 세울 수 있다.

그때 우리는 그것을
깨닫게 되었다.
모래 위에 지은 집은
쉽게 무너진다는 것.

새로운 바람이 불면
새로운 역사가 세워지리니
시간이 문제가 아니었다.
역사가 문제였다.

만일 여호와께서 새 일을 행하사 땅이 입을 열어 이 사람들
과 그들의 모든 소유물을 삼켜 산 채로 스올에 빠지게 하시면
이 사람들이 과연 여호와를 멸시한 것인 줄을 너희가 알리라.
Numbers 16:30

70. 아론의 지팡이

하늘이 열리고
단비가 내리면
광야에 샘이 터져
꽃들이 피어난다.

준비된 봉오리는
손만 대도 움이 터지고
하늘과 땅의 도를 깨달아
자유의 길을 걷게 된다.

믿음이란
진리가 땅에 떨어져 생명의 싹이 나는 것.
자기의 자리에서
그 삶을 시작하는 것이다.

그리하여 믿음의 사람은
희망의 꽃을 피우게 된다.
꽃이 떨어진 자리에는
반드시 열매가 있다.

사랑이 없는 믿음은 거짓이요
믿음이 없는 사랑은 공허하다.

믿음과 희망은
사랑의 열매로 남게 된다.

열매가 없는 자는
인도자가 될 수 없다.
그는 잎만 무성한
나무가 될 것이다.

그런 자들에게
속지 말아야 한다.
겉보기에 좋은 것이
속이 찬 것은 아니다.

말만 하지 말고
행동을 하라.
너의 삶으로
너의 믿음을 증명하라.

이튿날 모세가 증거의 장막에 들어가 본즉 레위 집을 위하여
낸 아론의 지팡이에 움이 돋고 순이 나고 꽃이 피어서 살구 열
매가 열렸더라. Numbers 17:8

71. 성물

거룩한 손으로
성물을 만지라.
함부로 하늘의 것을
범하지 말라.

깨끗한 마음으로
생명을 대하라.
하늘의 뜻 없이
존재하는 것이 있었던가?

너에게 주어진 것.
너와 만나는 사물.
그 모든 것은
하늘이 내리신 선물이니

너의 것이 아니라
잠깐 너에게 맡겨진 것이니
너의 시간을 아끼고
너의 목숨을 간직하라.

욕심을 버리고
욕망을 죽이고

할 수 있는 한
영성의 산정에 오르라.

존재의 심연,
그곳으로 들어가라.
깊은 곳에 앉아
본질로 들어가라.

너에게 주어진 하늘의 성물이
하늘이 내리신
선물이 되게 하라.

더러운 손으로 만지지 말라.
떨리는 마음과
경외의 심정으로
너의 머리를 숙이라.

너희가 그 중 아름다운 것을 받들어 드린즉 이로 말미암아 죄
를 담당하지 아니할 것이라. 너희는 이스라엘 자손의 성물을
더럽히지 말라. 그리하여야 죽지 아니하리라. Numbers 18:32

72. 정결의 물

정결의 잿물을 준비하라.
더러운 것은 씻어야 하고
굳어진 것은
헐어내야 한다.

하루라도 게을리하면
어느새 잡된 것이
날아와 집을 짓고
내 집이라 소리를 친다.

감히 어디를 범접하려고 하느냐며
여긴 자기의 영역이라고
활개를 친다.
움직이지 않는다.

새를 쫓지 아니하면
추수를 할 수가 없고
잡초를 뽑지 아니하면
거둘 수가 없는 것이니

한번 죄를 짓기는 쉽지만
그것을 정하게 하기 위해서는

가장 귀한 것들이
죽어야 한다.

죄를 무서워하라.
그것을 가까이 하지 말라.
네가 가까이 하는 그것에
어느덧 물들어 있게 될 것이다.

네가 죄를 지었으면
네가 씻어야 할 것이고
너를 위해
희생물이 필요할 것이니

한 걸음도 함부로 걷지 말고
한마디 말이라도
쉽게 뱉지 말라.
너의 마지막을 네가 알 것이다.

이에 정결한 자가 암송아지의 재를 거두어 진영 밖 정한 곳에
둘지니 이것은 이스라엘 자손 회중을 위하여 간직하였다가 부
정을 씻는 물을 위해 간직할지니 Numbers 19:9

73. 나쁜 곳

약한 자들에게는
나쁜 땅이겠지만
강한 자들에게는
좋은 땅이 될 것이다.

세상에 나쁜 곳이
어디에 있겠는가?
척박하고 어려운 곳일수록
강한 민족을 만들어내는 것.

그것을 싫어한다면
누가 고난을 이겨내고
진주를 만들 수 있겠는가?

보이는 곳을 보지 말고
보이지 않는 곳을 보라.
무한히 감추어진
하늘의 자원을 보라.

거친 곳일수록
하늘과 가깝고
적막한 광야 속에

신비가 있는 것이니

비가 있으면
습지가 있고
태양이 강하면
역사가 일어난다.

바람이 많으면 풍력이 있고
눈이 많으면 설산이 펼쳐지나니
없는 것을 보지 말고
있는 것을 보라.

그 속에 숨겨진
영성의 보물을 보라.
거기에서 영원히 빛나는
찬란한 보석을 보라.

너희가 어찌하여 우리를 애굽에서 나오게 하여 이 나쁜 곳으로 인도하였느냐? 이 곳에는 파종할 곳이 없고 무화과도 없고 포도도 없고 석류도 없고 마실 물도 없도다. Numbers 20:5

74. 명령

나의 꿈이
나의 입으로 나왔을 때
그때 세상은 창조되었다.
그렇게 너희는 태어난 것이다.

나의 노래는
현실이 되었고
나의 말은
하늘과 땅을 갈랐다.

나의 귀에 들린 대로
네가 입으로 말한 대로
그대로 역사가 이루어졌으니

두려워하지 말고
물러서지 말라.
반석에게 명하여
물을 내게 하라.

너는 하늘의 아들이니
세상이 너를 위해
존재하는 것이니

먼저 말을 다스리라.

계속해서 멈추지 않고
네가 노래하는 그대로
세상은 바뀔 것이니
누구도 그것을 막지 못하리라.

하여 시인이
위대한 것이고
노래를 부르는 자가
역사를 일으키는 것이다.

네 입이 진리의 샘이 되게 하고
너의 말이 역사가 되게 하라.
나의 귀에 불가능이란 말이
결단코 들리지 않게 하라.

지팡이를 가지고 네 형 아론과 함께 회중을 모으고 그들의 목
전에서 너희는 반석에게 명령하여 물을 내라. 네가 그 반석
이 물을 내게 하여 회중과 그들의 짐승에게 마시게 할지니라.
Numbers 20:8

75. 다툼

치열한 다툼 없이
진리에 이를 수 없고
목숨을 건 투쟁 없이
자유는 있을 수 없으니

그렇게 해서 우리는
당신의 광야로 나왔습니다.
당신과 함께
구름길을 지나왔습니다.

그러나 여기에서
무엇을 먹고 살아갑니까?
그래도 먹을 물은
주셔야 하지 않습니까?

어찌 반석에게
명령을 하라 하십니까?
반석을 치라시면
그것은 할 수 있습니다.

우리가 아무리 말씀의 제자라고 하지만
할 수 있는 것을 하라고 하셔야지,

반석이 들을 수가 있습니까?
반석이 입을 열겠습니까?

적어도 나는
그렇게 할 수 없습니다.
그것은 기적을 바라는
허황한 것이 아닌가요?

마음을 다스리라 하면
그렇게 하겠지만
돌을 다스리라 하면
그대로 할 수가 없습니다.

당신이 불러내셨으니
당신이 하셔야 합니다.
당신이 말씀하신 대로
역사를 이루셔야 합니다.

이스라엘 자손이 여호와와 다투었으므로 이를 므리바 물이라
하니라. 여호와께서 그들 중에서 그 거룩함을 나타내셨더라.
Numbers 20:13

76. 가데스

길을 열어주소서!
우리가 당신의 나라,
이 변방의 경계지대,
거기에 섰습니다.

하늘과 땅이 만나며
세계의 절반이 살아가는
그 한가운데에서
우리는 시작하겠습니다.

이 길로 해서 우리는
우주의 중심에 들어가
세계의 꼭대기,
그 자리에 서겠습니다.

굴종의 땅을 벗어나
노예의 자리를 털고
당신의 형상을 이루겠습니다.

이제 우리가 새로운 땅으로 나아갑니다.
아무도 우리를 막을 수 없고
누구도 우리를 가둘 수 없습니다.

하늘의 길을 따라
사랑의 길을 열어갑니다.
반석을 쳐서 물을 내며
진리의 족적을 남기겠습니다.

그때 사람들은
우리를 바라보며
당신의 역사를
알게 될 것입니다

거기에 그 사람들이 있었고
그들은 하늘의 사람들이었다고…
그리고 그들은 불가능을 깨뜨려
가능의 역사를 만들어 나갔다고…

우리가 여호와께 부르짖었더니 우리 소리를 들으시고 천사를
보내사 우리를 애굽에서 인도하여 내셨나이다. 이제 우리가 당
신의 변방 모퉁이 한 성읍 가데스에 있사오니 Numbers 20:16

173

77. 호르 산

그의 옷을 입는다.
그의 무게가 느껴진다.
그가 살았던 삶 속에
오늘의 내가 있다.

나는 하늘에서
떨어진 것이 아니다.
나의 핏줄을 타고 흐르는
그의 맥과 정이 있다.

그의 슬픔이
나의 슬픔이 되고
그의 아픔이
나의 아픔이 된다.

그가 살았고
그가 경험했던 모든 것이
모두 나의 것이다.

자기의 삶은
자기가 살아가는 것이고
자기의 선택도

자기가 책임지는 것이다.

그는 그의 삶을 살아가고
나는 나의 삶을 살아가는 것.
그가 나를 세상에 있게 한 것만도
그저 감사한 것이다.

그를 믿고
내가 살아간다.
그의 옷을 입고
나의 삶을 시작한다.

언젠가 나도 이 옷을 벗어
나의 후대에게 넘겨주고
나에게 주어진
마지막 길을 가게 될 것이다.

모세가 여호와의 명령을 따라 그들과 함께 회중의 목전에서
호르산에 오르니라. Numbers 20:27

78. 불 뱀

그의 입에서
불 뱀이 나온다.
모든 게 너 때문이다.
네가 어찌 그럴 수가 있느냐?

감히 네가 나를 능멸해.
내가 어떻게 너를 키워주었는데.
네가 나를 배신해.
네가 나를 거역해.

내가 먹어야 한다.
내가 잡아야 한다.
나 아니면 안 돼.
반드시 해낼 것이다.

그것을 삼켜
내 배를 불려야 한다.
내 제국을 만들어야 한다.
내가 세상을 지배해야 한다.

내가 그 자리에 올라야 한다.
모두 나를 우러러보아야 한다.

감히 내 말을 자를 수는 없다.
내 앞에 머리를 숙여야 한다.

멋지게 세상을
휘어잡아야 한다.
내 새끼들에게
모든 것을 넘겨주면 된다.

내가 먼저 먹지 않으면
내가 먹히게 될 것이고
다른 것들이
그 자리에 오르게 될 것이다.

내가 눈뜨고는 그것을 볼 수가 없지.
내 눈에 흙이 들어가기 전에는
내 백골이 흙이 되기 전에는
그렇게 되게 할 수는 없는 것이지.

여호와께서 불 뱀들을 백성 중에 보내어 백성을 물게 하시므
로 이스라엘 백성 중에 죽은 자가 많은지라. Numbers 21:6

79. 샘의 노래

당신이 지나간 자리에
하늘의 꽃이 피었습니다.
당신의 손길에
그 꽃술이 열렸습니다.

당신이 머문 자리에
생명의 물이 솟아났습니다.
그 사랑의 물이 흘러
내 가슴을 적십니다.

물이 흐르면
생명이 있습니다.
우리의 사랑이
거기에 있습니다.

거기에서 난
하늘을 바라봅니다.
태양의 빛살이
하늘을 가릅니다.

여기에 우리의
희망이 있습니다.

그 희망으로 우린
오늘을 살아갑니다.

한 알의 희망을 심는 일.
그것을 지금 할 수 있다면.
하늘도 가슴 열어
웃음을 지을 것입니다.

물은 솟아나야 하고
사랑은 흘러야 합니다.
그렇지 않으면 그것은
죽음의 노래일 뿐입니다.

노래를 불러야 합니다.
사랑의 노래를.
영원히 흐르는
생명의 노래를.

그때에 이스라엘이 노래하여 이르되 우물물아 솟아나라. 너희
는 그것을 노래하라. Numbers 21:17

80. 전쟁의 노래

날마다 전쟁이 일어난다.
선과 악이 싸움을 하고
육과 영이 쟁투를 벌리며
몸과 혼이 투쟁을 한다.

한순간을 놓치면
천 길로 떨어지고
마음을 잃으면
욕망의 종이 된다.

한판을 겨뤄야 한다.
배수진을 쳐야 한다.
더 이상 물러날 수가 없다.
물러나면 패배하는 것이다.

죽기 아니면
까무러치기이다.
먹기 아니면
먹히게 된다.

날마다 자신을 갈고 닦아
정예를 갖추어야 한다.

한순간도
한눈을 팔수가 없다.

사방을 경계해야 한다.
어디에서 적이 오는지
통찰하고
간파해야 한다.

실수할 수 있는
아마추어는 없다.
목숨을 건
프로만 살아남는다.

진정한 평화를 위해서는
우리가 전사가 되어야 한다.
항상 마지막처럼 훈련하고
매일을 준비해야 한다.

시인이 읊어 이르되 너희는 헤스본으로 올지어다. 시혼의 성을
세워 견고히 할지어다. Numbers 21:27

81. 나귀의 입

보지 못한 자가
어떻게 가르치며
듣지 못한 자가
어찌 입을 열겠는가?

소경이 어찌
소경을 인도하며
귀머거리가 어떻게
들을 수 있겠는가?

먼저 진실을 보고
다음에 가르칠 것이요
먼저 하늘의 소리를 듣고
그 다음에 말을 해야 할 것이다.

깨닫지 못한 자가
어떻게 길을 가며
걷지도 않은 자가
어찌 목표에 도달하겠느냐?

세상에 눈을 감지 않고
하늘을 볼 수 없으며

마음의 눈을 뜨지 않고
진리를 알 수 없으니

먼저 깨달음을 얻고
길을 가야 할 것이요
오래 길을 걸은 후에
목표에 도달 것이다.

달리는 것이
다가 아니요
걸어가는 것이
끝이 아닐 것이니

너의 눈을 열라.
내가 멈추지 않았으면
너는 영원의 나락으로 떨어져
돌이킬 수 없는 곳으로 떠났을 것이다.

여호와께서 나귀 입을 여시니 발람에게 이르되 내가 당신에게
무엇을 하였기에 나를 이같이 세 번을 때리느냐? Numbers 22:28

82. 내 입에

그와 내가 하나이고
내가 그 안에 있으면
그의 말이 나의 말이요
나의 말이 그의 말일 것이니

사람의 귀에
듣기 좋은 말이 아닌
하늘이 주신
그 말씀을 전하는 것이다.

내가 말하는 것이 아니라
내 안에서 그가 말하는 것이요
그가 나의 입에 주시는 말씀,
다만 그것을 말할 뿐이니

저주가 아니라 축복이고
비난이 아니라 칭찬이며
깎아내림이 아니라 현실의 직시요
손가락질이 아니라 지지와 격려일 것이다.

강한 자 앞에서는 비굴하고
약한 자 앞에서는 잔인함이

네가 걸어갈
인생의 길이던가?

그렇게 한 평생을 살아서
남는 것이 무엇인가?
더러운 이름을 남기지 않고
의의 이름을 남겨야 하리니

오늘을 걸어가다
거기까지 가면 될 것이다.
마지막 한숨까지
그 뜻대로 해야 하리라.

너와 내가 하늘 아래
자랑할 것이 무엇인가?
아서라. 세월이 짧으니
하늘의 뜻을 이루어야 하리.

발람이 발락에게 이르되 내가 오기는 하였으나 무엇을 말할
능력이 있으리이까? 하나님이 내 입에 주시는 말씀 그것을 말
할 뿐이니이다. Numbers 22:38

83. 홀로

세상과 섞이지 말라.
그들을 따르지 말라.
내가 그곳에서
너를 불러내었다.

광야에 홀로 서라.
아무도 없는
그 땅을 바라보며
깊은 곳으로 들어가라.

너 자신과 대면하라.
삶의 애환과 격정,
모든 것이
거기에서 나오나니

무엇이 두려운가?
둘이라면 좋겠지만
혼자라도 관계없다.
어차피 인생은 홀로인 것.

나의 광야로 나오라.
거기에서 나를 만나리라.

광대한 자연과
하나가 되라.

그곳에서 초인이 나오고
위대함이 나오게 되리라.
하늘의 신비를 알게 되리라.

홀로 있지 않은 자는
존재의 의미를 알 수가 없다.
홀로 서 있지 않은 자가
어찌 하늘을 볼 수 있으랴?

세상에 기대지 말고
너 홀로 반듯이 서라.
네가 보는 그것을
타인도 보게 하라.

내가 바위 위에서 그들을 보며 작은 산에서 그들을 바라보니
이 백성은 홀로 살 것이라. 그를 여러 민족 중의 하나로 여기지
않으리로다. Numbers 23:9

84. 눈을 뜬 자

문득 그렇게 어느 날
나는 눈을 떴다.
세상의 모든 것이
한 점 먼지와 같았다.

모든 회한과 애증이
한낱 바람이었다.
그 안에서 나는
싸우고 있었다.

서로 키 재기를 하며
누가 높고 누가 나은지
비교심에 빠져있었다.

소유가 전부였고
참 존재의 의미를 알지 못했다.
그러나 그것은 모두
헛되고 헛된 것이었다.

거기에서 하늘을 바라보니
모두가 말씀이었다
위대한 자연 앞에서

나는 무릎을 꿇었다.

눈물이란
그때 흘리는 것이었다.
비통의 눈물이 있고
감격의 눈물이 있다.

마음의 눈을 뜨니
영원이 보였다.
그것이 내가 걸어야 할
하늘의 길이었다.

누구도 막을 수 없고
무엇도 탓할 수 없는
그것은 사랑의 길이었고
그와 함께 걸어가는 진리의 길이었다.

하나님의 말씀을 듣는 자, 전능자의 환상을 보는 자, 엎드려서
눈을 뜬 자가 말하기를 Numbers 24:4

85. 비느하스의 질투

하늘의 백성은
하늘의 뜻을 따라야 한다.
내 앞에 다른 신을
두어서는 안 된다.

우상을 만들거나
섬겨서는 안 된다.
나 외의 다른 신 앞에
무릎을 꿇어서도 안 된다.

내가 너희를 건져내었고
내가 너희를 불러내었으니
나와 함께 나를 따라
길을 걸어야 한다.

세상의 길을
걸어서는 안 된다.
편하고 쉬운 길을
걸어서도 안 된다.

너희는 나의 거룩한 백성이니
내가 거룩한 것처럼

너희도 거룩해야 한다.

그러하니 너희는
더러운 길을 걷지 말라.
세상의 정욕으로
너희를 더럽히지 말라.

그러한 모습을
내 앞에서 보이지 말라.
만약 그렇게 되면
너희를 소멸하리라.

소멸의 불로
살라버리리라.
내 질투의 불이
너희를 태워버리리라.

제사장 아론의 손자 엘르아살의 아들 비느하스가 내 질투심으
로 질투하여 이스라엘 자손 중에서 내 노를 돌이켜서 내 질투
심으로 그들을 소멸하지 않게 하였도다. Numbers 25:11

86. 이스라엘의 군대

누가 나를 위해 싸울 것인가?
나와 뜻을 같이 할 자는
뒤로 물러서지 말라.
그렇게 목숨이 아까운 것이더냐?

누가 세상의 한 가운데에서
나를 따를 것인가?
먹고 사는 것이 전부인 것이더냐?
네가 살아가는 목적이 무엇이더냐?

누가 목숨을 내어 놓을 것인가?
목숨을 두려워하지 않는 자는
그 누구도 막을 수 없으니
역사의 변혁을 반드시 이루어 내리라.

나에게는 이런 자가 필요하다.
세상이 그를 어떻게 할 수 없고
하늘도 그를 막을 수가 없으니
더 이상 그에겐 아무것도 남아있지 않다.

누가 생명의 신비를 지킬 것인가?
다 할 수 있고 다 먹을 수 있어도

우리가 지켜야 할
마지막 일이 있으니

누가 이 굴종의 땅에서
생명의 전사가 될 것인가?
앞으로 나오라.
나와 함께 싸우러 가자.

죽고자 하는 자는
영원한 삶을 얻을 것이요
살고자 하는 자는
기필코 죽을 것이니

비겁한 삶이 있고
숭고한 죽음이 있다.
그리고 어느 편에 설 것인가는
자신의 선택에 달려있는 것.

이스라엘 자손의 온 회중의 총수를 그들의 조상의 가문을 따
라 조사하되 이스라엘 중에 이십 세 이상으로 능히 전쟁에 나
갈 만한 모든 자를 계수하라. Numbers 26:2

87. 슬로브핫의 딸들

우리가 아버지의 기업을 잇겠습니다.
우리라고 앉아 있을 수만은 없습니다.
우리도 할 수 있습니다.
우리가 아버지의 집을 세우겠습니다.

역사는 우리를 통해
여기까지 이어져 왔습니다.
역사의 위기 때마다
우리가 일어났습니다.

우리는 생명의 담지자들입니다.
우리의 자궁을 통해
생명의 역사가 이어졌습니다.
우리는 부끄러운 것이 없습니다.

우리는 역사의 목격자들입니다.
우리는 역사에 눈을 감지 않았습니다.
우리는 눈을 부릅뜨고
역사의 진실을 목도했습니다.

아버지는 고라의 무리에 들지 않았습니다.
아버지는 역사의 반역자가 아닙니다.

그런데 남자만 기업을 이으라는 법이 어디에 있습니까?

우리는 아버지의 자리를 차지하려는 것이 아닙니다.
단지 아버지가 쉬었던 그 숨을
우리의 후대에게 쉬게 하려는 것입니다.

우리는 새로운 가계를 세울 수 있습니다.
그러나 근본 없는 역사가 없는 것이듯이
생명의 근본을 찾으려 하는 것입니다.

아버지의 이름을 찾게 하여 주십시오.
그의 기업을 세우게 하여 주십시오.
그의 이름이 역사에서 삭제되지 않게 해주십시오.
우리가 그 일을 해내겠습니다.

어찌하여 아들이 없다고 우리 아버지의 이름이 그의 종족 중
에서 삭제되리이까? 우리 아버지의 형제 중에서 우리에게 기
업을 주소서! Numbers 27:4

88. 영의 사람

건강한 사람에게서
건강한 영성이 나오는 법.
육신은 영을 담는 그릇이다.

그 안에 영이 살아있으면
천명을 알고
지복을 따르게 된다.

입가에 거품이 일고
욕심으로 뭉쳐진 뒤틀린 얼굴에서
무엇이 나올 수 있겠는가?

하여 우리는
한 점 흙으로 돌아갈 때까지
자신을 훈련해야 한다.
강인한 정신력으로 무장을 해야 한다.

지혜를 갈고 닦아
큰 그릇에 담아야 한다.
사람은 그 그릇만큼
담을 수가 있는 법.

어떠한 고난에도
흔들림 없는 뱃심과
우주의 물리를 깨닫는
통찰이 필요하다.

우주의 깊이를 아는 직관과
세상의 이치를 아는 이해가
그를 올바른 길로
인도할 수 있다.

하늘의 부르심을
깨어 기다리며
하늘이 부르실 때
결단할 수 있어야 한다.

여호와께서 모세에게 이르시되 눈의 아들 여호수아는 그 안
에 영이 머무는 자니 너는 데려다가 그에게 안수하고 Numbers
27:18

4 장

또 다른 날들

89. 신명

삶이란
신명을 신명나게
순명하는 것이다.

하늘의 가르침을
반복하여 묵상하고
세상에 널리 반포하며
마음에 반영하는 것이다.

하여 우리는 말씀 앞에서
자신을 살펴야 한다.
시간을 돌아보아야 한다.

가르침의 길을 따라
삶을 선택해야 한다.
주어진 운명의 길을
걸어가야 한다.

걷지 않으면
죽은 것이고
앉지 않으면
눕는 것이다.

매일 한 걸음씩 간다.
더 이상도
더 이하도 아닌
그만큼만 가는 것.

갈 수 있는 만큼
할 수 있는 만큼
기쁨으로 즐기면서 간다.

어차피 피할 수 없으면
끝까지 해야 한다면
즐겁게 감사함으로
수행하는 것이다.

이는 모세가 요단 저쪽 숲 맞은편의 아라바 광야 곧 바란과 도벨과 라반과 하세롯과 디사합 사이에서 이스라엘 무리에게 선포한 말씀이니라. Deuteronomy 1:1

90. 너희 앞에

내가 앞에 있다.
너희가 알지 못하는 생명의 문명 위에
나의 나라를 세우고 있다.

내가 너희 앞에 있다.
너희가 가보지 못한 새로운 땅,
그곳에 내가 있다.

그 땅에 들어가
축복의 기회를 잡으라.
뒤로 물러가지 말라.
앞으로 나아가라.

쓰러지고 쓰러져도
다시 일어나
마침내 드디어
그 땅으로 들어가라.

너희에게 뒤로
물러갈 땅은 없다.
앞을 바라보라.
뒤로 돌아가지 말라.

낡은 옷을 벗고
자유의 옷을 입으라.
새 땅으로 나아가라.

하나님의 나라는
침노하는 자의 것이려니
원하고 바라는 자가
차지할 것이다.

마지막까지
손을 놓지 않는 자가
구원을 얻을 것이니
나의 거룩한 길을 걸어가라.

내가 너희의 조상 아브라함과 이삭과 야곱에게 맹세하여 그들
과 그들의 후손에게 주리라 한 땅이 너희 앞에 있으니 들어가
서 그 땅을 차지할지니라. Deuteronomy 1:8

91. 인정받는 자

사람을 세우라.
하나님을 따르고
거룩한 소원을 가진
생명의 사람이 필요하니

일보다
사람이 우선이고
돈보다
생명이 우선이다.

함부로
가르치지 말라.
너무 쉽게
선생이 되지 말라.

위에 있지 말고
아래에 있으라.
지배하지 말고
섬기는 종이 되라.

세상의 이치를 밝히 깨닫고
그 지식을 널리 운용하라.

마음 깊은 곳에서
존경이 우러나게 하라.

뜻을 같이 하고
짐을 나누어지는
착하고 충성된
일꾼을 세우라.

생각이 교활하지 않고
생활을 절제할 수 있는
그런 자들과 같이
일을 도모하라.

네 주변에 있는 자들을 통해서
너를 알 수 있으니
네가 꿈꾸는 대로
이루게 되리라.

너희의 각 지파에서 지혜와 지식이 있는 인정받는 자들을 택
하라. 내가 그들을 세워 너희 수령을 삼으리라. Deuteronomy 1:13

92. 정탐

너희가 생각하는
그대로 되는 거다.
너희가 마음먹은 그대로
이루어지는 것이다.

목표를 세우는 대로
상황은 만들어지고
몸은 거기에
따라붙는다.

누구나 첫발은 힘든 것이고
누구나 처음 해보는 것이다.
누구에게나 세상은 처음이고
누구에게나 세상은 힘든 것이다.

하여 조심스레 상황을 살피고
아무것이나 묻지 말라.
먹어야 할 것과
먹지 않아야 할 것을 분별하라.

승리를 얻으며
뜻을 이루고자 하는 자는

철저하게 계획을 세우고
완벽하게 준비를 해야 한다.

전략 없이
성공한 전쟁이 없고
전술 없이
승리한 싸움이 없다.

한번 걸어보고
도전해보는 것이다.
지금까지 시도해보지 않고
성공한 적이 있었던가?

실패는 성공을 향한 디딤돌이며
성공의 방법을 알아가는 과정인 것이니
우리에겐 실패란 없다.
다만 거기까지 성공하는 것.

우리가 사람을 우리보다 먼저 보내어 그 땅을 정탐하고 어느
길로 올라가야 할 것과 어느 성읍으로 들어가야 할 것을 우리
에게 알리게 하자. Deuteronomy 1:22

93. 낙심

마음을 일으키라.
용기를 북돋우라.
싸움을 하기 전에
승패는 판가름이 난다.

마음이 중요하다.
마음먹은 대로 되는 것이고
생각하는 대로
이루어지는 것이다.

마음이 작으면
그릇도 작아진다.
덩치가 크다고
용감한 것은 아니다.

몸이 클수록
유지하기가 힘이 들 것이고
이동하기에도 어려울 것이다.

아낙자손이라고
기죽을 필요가 없다.
모두가 아킬레스건은 있는 법.

그것을 찾아야 한다.

성이 높다는 것은
두려움이 있다는 것이요
모여 산다는 것은
서로를 의지한다는 것이다.

마음을 강하게 하면
몸은 거기에 따라온다.
마음을 잃어버리면
그냥 두어도 허물어지는 것.

겉을 보지 말고 내면을 보라.
과잉 행동을 보지 말고
그 속에 숨어있는
두려움을 보라.

우리의 형제들이 우리를 낙심하게 하여 말하기를 그 백성은
우리보다 장대하며 그 성읍들은 크고 성곽은 하늘에 닿았으며
우리가 또 거기서 아낙 자손을 보았노라. Deuteronomy 1:28

94. 경솔

하늘 앞에
죄를 지었으면
경솔히 일어나지 말고
그의 뜻을 기다려야 한다.

함부로 자리를 떨치지 말고
그의 뜻인지
너의 뜻인지
판단을 해야 한다.

재를 뒤집어쓰고
오래 깊이
회개의 열매를
안으로 맺어야 한다.

죄를 지은 자는
거룩한 싸움을 할 수가 없으니
그의 피가 묻은 손을
깨끗하게 씻어야 한다.

자기가 지은 죄는
자기가 담당해야 할 것이니

결코 남이 그것을
대신할 수가 없다.

함부로 죄를 짓지 말라.
한번 묻은 얼룩은 지워지지 않고
한번 나간 칼날은
돌이킬 수가 없다.

쉽게 죄를 해결하려고 하지 말라.
잘못 행한 것은 배로 갚고
그 위에 갑절로
더 회개하라.

기다리는 것도 전술이고
인내하는 것도 전략이니
하늘이 허락하실
그 때를 기다리라.

우리가 여호와께 범죄하였사오니 우리 하나님께서 우리에게
명령하신 대로 우리가 올라가서 싸우리이다 하고 너희가 각각
무기를 가지고 경솔히 산지로 올라가려 할 때에 Deuteronomy
1:41

95. 북으로

주변만 돌지 말고
본진으로 들어가라.
시간만 보내지 말고
과감하게 행동을 하라.

뒤로 돌아가
음모를 꾸미지 말고
정면으로 부딪치며 앞으로 나아가라.
그것이 제일 좋은 해결책이다.

귀신 나부랭이 섬겨서
재앙을 면하려 하지 말고
진리를 돌파해서
깨달음을 얻으라.

너의 하나님을 생각하라.
그의 일을 파악하라.
항상 그 앞에서
숨을 쉬며 살아가라.

그와 씨름하여
축복을 쟁취하라.

그와 겨루어 이기어내라.
그것이 너의 이름이지 않은가?

목숨을 걸고
현실에 대면하라.
중심을 치면
주변은 복속되리니

사소한 것에
생명을 걸지 말라.
너를 허물어뜨리는 것에
중독이 되지 말라.

잡기에 빠지지 말라.
그 안에 들어와
그와 하나가 되어
삶의 본질로 살아가라.

너희가 이 산을 두루 다닌 지 오래니 돌이켜 북으로 나아가라.
Deuteronomy 2:3

96. 큰 광야

노예의 땅을 떠나
광야로 나왔습니다.
어디서나 사는 것은
한 세상일 것인데

하루를 살더라도
제대로 숨을 쉬며
자유의 광야를
걷고 싶었습니다.

우상의 자리를 차지하고
욕망을 바라보는 것이 아닌
내가 태어나 자란
그 하늘을 보고 싶었습니다.

광야를 걸어가는 것은
쉬운 것이 아니었습니다.
하늘을 바라본다고
무엇이 떨어지는 것은 아니었습니다.

모든 것은 내가 해결해야 하고
모든 것은 내가 선택해야 하는

그곳은 생존의 땅이었습니다.

그러나 난,
혼자가 아니었습니다.
그분이 언제나
나와 함께하셨습니다.

그가 함께 하시니
부족함이 없었습니다.
그가 나의 전부이니
모든 것을 채우셨습니다.

큰 광야에서
큰 인물이 나오듯
거기에서 나는
하늘의 사람이 되었습니다.

네 하나님 여호와께서 네가 하는 모든 일에 네게 복을 주시고
네가 이 큰 광야에 두루 다님을 알고 네 하나님 여호와께서 이
사십년 동안을 너와 함께 하셨으므로 네가 부족함이 없었었느니
라. Deuteronomy 2:7

97. 오늘부터

마음이 열리니
하늘이 보이고
하늘이 보이니
길이 열리도다.

눈이 열린 그날이
내가 태어난 날이요
부름 받은 그날부터
새 삶이 시작된다.

매일이 오늘이요
날마다 새날이니
태어남도 없어지고
죽음도 사라진다.

죽음이 없는데
무엇이 두려우며
태어남이 없으니
무엇이 근심인가?

원래 그대로 있었던 것.
있는 그대로 영원으로 들어가니

필요함도 없고
부족함도 없다.

하늘과 함께 하니
천둥이 지팡이요
땅위를 걸어가니
구름이 인도자라.

한번 깨달음을 얻고
구도의 길을 가니
완성이 눈앞이요
날마다 성취로다.

오늘부터 거기까지
순간에서 영원이다.

오늘부터 내가 천만 만민이 너를 무서워하며 너를 두려워하게
하리니 그들이 네 명성을 듣고 떨며 너로 말미암아 근심하리
라. Deuteronomy 2:25

98. 그만해도

나의 길은
여기까지였다.
더 이상은 과욕이요
더 이하는 미완이다.

날마다 칼날 위를 걸었지만
그 시험을 견뎌내지 못했다.
반석을 명하여
물을 내라는 것.

나는 그것을 알지 못했다.
반석도 들을 수가 있다는 것.
불가능에서 가능을
만들어내야 한다는 것.

누구나 시작은 할 수 있지만
누구에게나 마침이
허락된 것은 아니다.

심은 사람이 있으면
거둘 사람이 있고
시작한 사람이 있으면

마치는 사람이 있다.

모든 힘을 다하고
모든 공을 다 드려도
되는 것이 있고
안 되는 것이 있다.

다만 그것을 깨닫고
조용히 자리에서 물러나는 것.
그것을 아는 사람은
진정 지혜로운 사람이리라.

모든 힘을 다 빼고
모든 소원을 다 접고
이제 나의 자리에서
물러갈 때를 기다린다.

여호와께서 너희 때문에 내게 진노하사 내 말을 듣지 아니하
시고 내게 이르시기를 그만해도 족하니 이 일로 다시 내게 말
하지 말라. Deuteronomy 3:26

99. 조심

언제나 외줄을 걸어간다.
한번 잘못 되면
영원의 나락이다.

마음이 관건이다.
모든 역사는 마음에서 일어나니
기필코 마음을 지켜야 한다.

어둠의 구름이 일어나면
머지않아 비가 내릴 것이고
무거운 것이 놓이면
추가 기울게 되는 법.

조그만 일에
너무 마음 쓰지 말고
사소한 일에
너무 기뻐하지 말 것.

좋은 일이 있으면
싫은 일도 있고
어둠이 지나면
새벽이 찾아올 것이니

안일에 물들면
노예가 될 것이고
굴종에 머리를 숙이면
자유를 잃을 것이다.

네가 떠났던 그 때를 생각하여
다시 그곳으로 돌아가지 말라.
고기 가마를 그리워하지 말고
편안한 생활에 빠지지 말라.

항상 광야에 거하며
너의 마음과 생각을
거울처럼
갈고 닦으라.

오직 너는 스스로 삼가며 네 마음을 힘써 지키라. 그리하여 네
가 눈으로 본 그 일을 잊어버리지 말라. 그 일들이 네 마음에서
떠나지 않도록 조심하라. Deuteronomy 4:9

100. 해방의 계명

내가 너를 건져내었으니
나 외에 다른 신을 섬기지 말라.
내 앞에 다른 신을 있게 하지 말라.

너는 나의 형상으로 창조되었으니
우상의 형상을 만들어 절하지 말고
그 앞에 무릎을 꿇지 말라.

나의 거룩한 이름을
함부로 사용하지 말라.
나의 이름을 빙자하여
너의 사욕을 채우지 말라.

안식일을 기억하여 거룩하게 지키며
가난하고 약한 자들을 착취하지 말라.
너에게 주어진 시간의 주인이 되라.

네 부모를 공경하고
네가 어디서 왔는지를 살펴
너의 근본을 기억하라.

생명을 귀하게 여기라.

모든 생명은 하늘에서 왔고
너도 그 중 하나에 속하였다.

너의 몸은 거룩한 영이 거하는 성전이니
몸을 함부로 하지 말고
정욕으로 더럽히지 말라.

남의 것을 강제로 취하지 말고
힘으로 빼앗지 말며
도둑질하지 말라.

거짓말로 이웃을 모함하지 말고
거짓 증거로 재판을 굽게 하지 말며
함부로 이웃을 비난하지 말라.

과도하게 탐심을 부리지 말라.
모든 탐심은 죄악의 뿌리인 것이니
너의 소유를 하늘의 뜻대로 사용하라.

나는 너를 애굽 땅, 종 되었던 집에서 인도하여 낸 네 하나님
여호와라. Deuteronomy 5:6

101. 사랑의 계명

사랑 안에
하나이며
사랑으로
하나 되게 하시는 분.

스스로 존재하며
창조에 내재하신
존재의 힘이시며
생명의 근원인 분.

역사 안에서
스스로의 역사를
당신의 역사로
이끌어 가시는 분.

생명의 신비 속에
영원으로 내재하며
대자연의 우주 속에
신성으로 계시는 분.

만물 안에서
만물을 포함하며

만물 위에서
만물을 충만케 하시는 분.

무의 형상 속에
존재의 바탕으로
있음의 초월 속에
없음의 충만인 분.

내 마음을 당신께 드립니다.
하늘의 뜻을 세워
생명의 힘을 다해
당신의 나라를 이루어갑니다.

이것이 당신을 사랑하는 것이라면
이것이 당신을 따르는 길이라면
내 삶의 전부를
당신께 놓습니다.

너는 마음을 다하고 뜻을 다하고 힘을 다하여 네 하나님 여호
와를 사랑하라. Deuteronomy 6:5

102. 진멸

얄팍한 동정의 눈빛을
나에게 던지지 말라.
나는 다만 너에게
기회를 주는 것이다.

지금 이루지 못하면
다음이란 없는 것.
다시 찾아올 것이라는
그런 상황은 없다.

그만큼 너의 삶에
철저하라는 것이고
날마다 자신을 바쳐
성취를 이루라는 것이다.

갈지 않은
날카로운 칼은 없고
닦지 않은
맑은 거울은 없는 법.

하늘 뜻을 이루는 데에
적당히는 없다.

이것도 하고
저것도 할 수 없다.

타인에게는
수없이 관대하고
자신에게는 항상
마지막이 되라.

이웃에게는
손을 펴고
너 자신에게는
목숨을 조이라.

그리고 기회가 왔을 때
그 기회를 잡아
하늘에 오르게 하라.

네 하나님 여호와께서 그들을 네게 넘겨 네게 치게 하시리니
그때에 너는 그들을 진멸할 것이라. 그들과 어떤 언약도 하지
말 것이요 그들을 불쌍히 여기지도 말 것이며 Deuteronomy 7:2

103. 조금씩

날마다 한 걸음씩
거룩한 길을 간다.
아득한 절벽을 오르듯
그렇게 하루를 살아간다.

한 발 잘못 디디면
천 길 아래로 떨어지고
한 번 잘못 오르면
영원히 내려올 수가 없으니

매일 한 편씩
나를 온전히 바쳐
하늘의 계시를
써나간다.

매일 조금씩
산을 허물고
영겁의 다리를 놓아
기도의 탑을 쌓는다.

매일 한 술의 밥을 먹고
매일 숨을 쉬는 것처럼

날마다 변함없이
하늘의 길을 간다.

하루 만에
놀라운 역사를 이루고
순식간에 어둠의 역사를
사라지게 할 수는 없다.

하루를 천년처럼
천년을 하루처럼
언제나 그 자리에서
한걸음씩 올라간다.

거기에 우리의 희망이 있다.
거기에 나의 다리를 놓는다.
지금 내가 할 수 있는 일.
그것을 지금 하는 것이다.

네 하나님 여호와께서 이 민족들을 네 앞에서 조금씩 쫓아내
시리니 너는 그들을 급히 멸하지 말라. 들짐승이 번성하여 너
를 해할까 하노라. Deuteronomy 7:22

104. 그 말씀

오늘은 오늘의 태양이 떠오르고
내일은 내일의 바람이 불듯이
오늘의 하늘을 열어
생명의 말씀을 내리소서!

그 말씀이
내 영혼을 꿰뚫어
마음의 심비에
새겨지게 하소서!

그 말씀이
나를 바꾸어
나의 삶을
지배하게 하소서!

그 말씀 하나로
내 영혼이 밝아져
내가 살아갈 삶을
끌어가게 하소서!

그 말씀이 내 길의 등불이 되고
내 입의 양식이 되게 하소서!

내 영혼을 소생시키는
생수가 되게 하소서!

그 말씀으로
삶의 힘을 얻어
인생의 거친 광야를
걸어갈 수 있게 하소서!

날마다 순례의
길을 떠나며
더러운 허물을
벗게 하소서!

육신의 양식을 좇다가
영에 주린 자가 되지 않게 하시며
썩을 것으로 배불리는 속물이 아닌
하늘의 구도자로 살게 하소서!

너를 낮추시며 너를 주리게 하시며 또 너도 알지 못하며 네 조
상들도 알지 못하던 만나를 네게 먹이신 것은 사람이 떡으로
만 사는 것이 아니요 여호와의 입에서 나오는 모든 말씀으로
사는 줄을 네가 알게 하려하심이니라. Deuteronomy 8:3

105. 징계

세상의 모든 것이
나를 위해 존재하고
그가 창조한 생명들이
나의 마음을 기다리니

마음을 주고
마음을 놓고
마음이 가는 곳에
역사가 일어난다.

세상의 모든 일이
하늘의 뜻을 위해 존재하고
바람이 불고 비가 내림도
생명을 위해 있는 것이니

버릴 것도 없고
얻을 것도 없다.
모든 것이 그만큼
거기에 족한 것이다.

계시가 내려와도
손으로 받지 못하고

말씀이 가득해도
마음으로 깨닫지 못하니

삶의 부요함은
물질의 소유가 아니라
그것을 보는
혜안이 관건인 것.

벼락이 치고
천둥이 울려도
들을 사람은 듣고
받은 사람은 받는다.

고난이여, 오라.
시련이여, 닥치라.
내 너를 친구 삼아
하늘의 길을 가리라.

너는 사람이 그 아들을 징계함 같이 네 하나님 여호와께서 너
를 징계하시는 줄 마음에 생각하고 Deuteronomy 8:5

106. 목이 곧은 백성

주어도 받지 못하고
먹어도 배부르지 않으니
얼마나 더 퍼주고
얼마를 더 먹어야 하느냐?

네가 세상에 태어남이
다만 그것을 위함이더냐?
퍼질러 쌓아놓고
하늘까지 닿았도다.

너의 힘으로
여기까지 온 것이고
네가 잘나서
도와준 것이더냐?

머리를 숙이라.
역사를 뒤로
돌리지 말라.

하늘의 뜻을 구하고
그 뜻을 따르라.
하늘을 거스려

너의 자리를 유지하지 말라.

땅의 뜻을 살펴
덕을 널리 펴라.
너의 세워 줌을 감사하고
조용히 그 뜻에 순종하라.

지극히 겸손하라.
너의 목소리를 높이지 말라.
하늘 앞에 바로 서되
목을 곧게 하지 말라.

낮은 곳에 앉으라.
지금 여기에 존재함을 알아
그날 하루를 완성하라.
거기까지 하늘의 뜻을 이루라.

그러므로 네가 알 것은 네 하나님 여호와께서 네게 이 아름다운 땅을 기업으로 주신 것이 네 공의로 말미암음이 아니니라. 너는 목이 곧은 백성이니라. Deuteronomy 9:6

107. 나그네

난리를 피해
집을 나서는 사람이 있고
진리를 찾아
집을 떠나는 사람이 있다.

세상의 나그네가 있고
구도의 나그네가 있다.
자발적인 나그네가 있고
강제적인 나그네가 있다.

노예의 땅을 떠나고
억압의 땅을 떠나라
자유의 땅으로 나아가라.
그곳에서 영원을 바라보라.

세상의 나그네를
이웃으로 사랑하고
진리의 나그네를
하늘처럼 존경하라.

네가 가야 할 길을
그가 가는 것이고

네가 할 일을
그가 하는 것이니

그가 먹어야 할 것을
너 혼자 먹지 말고
사랑을 나누고
진리를 따르라.

사랑은 나눌수록 커지고
진리는 따를수록 깊어지니
손을 안으로
움켜쥐지 말라.

너도 지금까지 그처럼 살아왔다.
언젠가 모든 것을 버리고 하늘로 가야하니
그 날을 생각하며
지금 사랑을 베풀라.

너희는 나그네를 사랑하라. 전에 너희도 애굽 땅에서 나그네
되었음이니라. Deuteronomy 10:19

108. 축복과 저주

매일 축복의
산을 오르라.
대 자연에 펼쳐진
거룩한 계시를 받으라.

언제나 수행의
산으로 나아가라.
너에게 주어진 하루의 삶이
네가 올라야 할 삶의 정상이니

하루를 제대로 살지 못한 자가
어찌 영원을 살 수가 있으랴?
네가 살지 못할 것은
처음부터 받지 말라.

날마다 하루를
온전히 걸은 자는
머지않아 반드시
목표에 도달할 것이니

올바른 숨을 쉬고
하늘의 계시를 받아

네가 오른 그 산이
영성의 산이 되게 하라.

오를 것만 생각하지 말고
내려올 것을 생각하라.
네가 오른 그 산은
언젠가 내려와야 할 것이다.

가졌다고 좋은 것은 아니고
가지지 못했다고 나쁜 것은 아니니
너를 위한 축복을
저주로 만들지 말라.

없음에서
있음이 나오고
있음은 다시 없음으로
돌아갈 것이다.

네 하나님 여호와께서 네가 가서 차지할 땅으로 너를 인도하
여 들이실 때에 너는 그리심 산에서 축복을 선포하고 에발 산
에서 저주를 선포하라. Deuteronomy 11:29

109. 가감

하루의 삶 속에
영원이 들어있는 것이니
더 이상 빼거나
더 이상 더하지 말라.

가장 고귀한
예배의 한 순간에
하늘의 신성을
체험하지 못한다면

가쁜 숨을 몰아쉬며
살아가는 것이 무엇이며
주어진 일들을 행함이
무슨 의미를 갖는 것인가?

시간을 더럽히지 말고
숨결을 허비하지 말며
순결한 시간 속에
오물을 남기지 말라.

그저 하루의 삶이
가슴에 흘러가는

시원한 바람이 되게 하라.
땅을 적시는 눈물이 되게 하라.

그렇게 살다가
한 순간 무로 돌아가게 하라.
하늘로 승화되게 하라.

네가 선택한 삶에
변명을 남기지 말고
그렇게 살지 못한
핑계를 대지 말라.

누구나 시작하는 것이지만
누구나 마치는 것은 아니니
너의 모든 삶은
네가 선택하는 것이리라.

내가 너희에게 명령하는 이 모든 말을 너희는 지켜 행하고 그
것에 가감하지 말지니라. Deuteronomy 12:32

110. 이적

그들은 표적을 구하지만
나는 눈 뜨기를 구한다.
마음의 눈을 뜨면
천지가 신비인 것.

그들은 기적을 찾지만
나는 하루의 수행을 찾는다.
날마다 거룩한 산에 올라
순례의 길을 걸어간다.

그들은 일확을 꿈꾸지만
나는 일상을 살아간다.
이렇게 걸어가는 것이
내가 얻을 천금이다.

날마다 구름 위를 걸어간다.
하늘의 바람을 타고
거룩한 길을 걷는다.

매일 신의 산에 오른다.
항상 나 자신을 돌아본다.
이것이 내가 살아가는 삶이며

이것이 내가 구하는 삶이다.

그들은 그들의 길이 있고
나는 나의 길이 있다.
세상을 바라보지 않고
나 자신을 바라본다.

그들을 바라보지 않고
그들을 따라가지 않는다.
내가 걸어야 길이
여기에 있다.

날마다 나 자신을 돌아보며
지금 여기에서 주어진
하루의 길을 걸어간다.

너희 중에 선지자나 꿈꾸는 자가 일어나서 이적과 기사를 네
게 보이고. Deuteronomy 13:1

111. 성민

내가 거룩하니
너희도 거룩하라.
내가 너희에게 불어준
그 숨결을 지키라.

내가 창조하니
너희도 창조하라.
나의 창조 세계를
쓰레기로 더럽히지 말라.

내가 무릎을 꿇으니
너희도 무릎을 꿇으라.
고요히 머리를 숙여
하늘의 말씀에 순명하라.

내가 길을 걸으니
너희도 길을 걸으라.
네 앞에 놓여진
사명의 길을 걸어가라.

내가 역사를 끌어가니
너희도 역사를 끌어가라.

뒤로 물러가지 말고
앞으로 나아가라.

가만히 앉아서 나만 바라보지 말라.
나만 바라보며 나만 믿지 말라.
할 수 있는 한 너의 자리에서
너의 행동을 하라.

너의 앞길을 개척하라.
내가 너희에게 선물로 준
너의 세계를 지키라.

살아있는 모든 생명으로
거룩한 생명이 되게 하라.

너는 네 하나님 여호와의 성민이라. 여호와께서 지상 만민
중에서 너를 택하여 자기 기업의 백성으로 삼으셨느니라.
Deuteronomy 14:2

112. 열린 손

네 손을 감추지 말라.
너의 두 손을 움츠리지 말라.
아직까지 거기에서
벗어나지 못했느냐?

너의 하나님은 손이
안으로 굽어 있느냐?
네가 지켜야 할 것이 무엇이냐?

마지막 남은 양심도 없이
부끄럼도 모르고
살아가는 무리들.

제 뱃속만 불리며
하늘의 뜻을 외면하는
가증한 이리와
음흉한 늑대들.

한통속으로
떼 지어 다니며
의로운 역사를 거스르는
패역한 백성들.

당장 눈앞에
먹을 것만 던져주면
아무런 의식도 없이
고개를 쳐 박는다.

멀리 갈 것도 없다.
길을 걸을 것도 없다.
그저 자리를 잡고 누워
한 뼘 땅만 차지하려고 한다.

네 손을 펴고
네 눈을 들어
하늘을 바라보라.
너의 마음을 그들에게 주라

땅에는 언제든지 가난한 자가 그치지 아니하겠으므로 너는 반
드시 네 땅 안에 네 형제 중 곤란한 자와 궁핍한 자에게 네 손
을 펼지니라. Deuteronomy 15:11

113. 빈손

빈손으로 내게
찾아오지 말라.
너의 마음을
가지고 오라.

무엇을 얻으려고
나아오지 말라.
무엇인가
드리기 위해 오라.

모든 것을
너에게 주었는데
무엇이 더 필요한 것이냐?

너에게 구하는 모든 자를
그냥 보내지 말라.
가장 좋은 것을
그에 들려주라.

슬픈 눈에게
눈물을 주지 말라.
더 이상 그를

아프게 하지 말라.

빈손으로 그를
가게하지 말라.
너의 마음을
그 손에 담아주라.

그가 하늘에
부르짖는 소리가
땅에 떨어지지 않게 하라.

그의 기도를
허공으로 보내지 말라.
아무나 주지 말고
함부로 주지 말라.

받을 수 있는 자에게 주고
누릴 수 있는 자에게 주라.

그를 놓아 자유하게 할 때에는 빈손으로 가게 하지 말고
Deuteronomy 15:13

5 장

하늘의 뜻을 기다리며

114. 밤에

캄캄한 밤에 살아간다.
어디에 우리의 희망이 있는가?
앞이 보이지 않는다.

아무것도 보이지 않는 그곳에
그가 오셔야 한다.
그것만이
우리의 희망이다.

지금 여기에서
내가 할 수 있는 유일한 일은
눈을 뜨는 일이다.

절망 속에서
눈을 뜰 수 있다면
그럴 의지라도 남아 있다면
그것이 우리의 희망일 것이다.

그 사람이 있어야 한다.
날마다 역사의 길을 걸으며
생명의 기도를 올리는 사람.
깨어 새벽을 기다리는 사람.

그가 나를 부르신다.
더 이상 자리에
누워있을 수가 없다.
일어나야 한다.

가장 어두운 그 때에
침묵의 별들은
가장 밝게 빛난다.

그가 하신 일을 기억하며
그의 절기를 기다릴 때
어둠의 벽을 넘어
역사의 바람이 불어온다.

아빕월을 지켜 네 하나님 여호와께 유월절을 행하라. 이는 아
빕월에 네 하나님 여호와께서 밤에 너를 애굽에서 인도하여
내셨음이라. Deuteronomy 16:1

115. 우리 위에

누군가
네 위에 있으면 좋겠지.
그 밑에 들어가면
안전하다고 느끼겠지.

그래서 금방 무엇인가,
이루어지면 좋겠지.
참고 기다리는 것은
네 적성이 아니겠지.

믿는 건 자유지만
믿지 않는 건 불경이겠지.
익숙한 길을 가며
쉽게 가고 싶겠지.

가벼운 것을
메고 가고 싶겠지.
눈에 보이는 환상을
확실하게 보고 싶겠지.

무엇인가 의지해야
마음이 평안하겠지.

선택은 생각을 해야 하고
행동은 책임을 져야 하니까.

그러나 난 불안을 선택하겠어.
누군가에게 나의 전부를 맡기진 않겠어.
나에게 주어진 삶은
내가 선택하겠어.

굴종의 삶은
살지 않을 거야.
억지로 해서
무엇을 할 수 있겠어.

적어도 난
그렇게 살고는 싶지 않아.
내가 깨달은
하늘의 길을 걸어가겠어.

네가 네 하나님 여호와께서 네게 주시는 땅에 이르러 그 땅을
차지하고 거주할 때에 만일 우리도 우리 주위의 모든 민족들
같이 우리 위에 왕을 세워야겠다는 생각이 나거든 Deuteronomy
17:14

116. 제 마음대로

말은 그럴 듯하지만
행동은 하지 않는 자.
조금 앞으로 나아가다가
금방 뒤로 물러가는 자.

이론은 있지만
실천은 없는 자.
자기가 세운 논리에 따른
결과물이 없는 자.

잎은 무성하지만
열매가 없는 자.
허우대는 멀쩡한 데
눈이 살아있지 않은 자.

모으기는 하는 데
나눌지는 모르는 자.
자기 배만 채우고
이웃은 외면하는 자.

경건의 모양은 있지만
거룩한 삶은 없는 자.

두 손은 모으지만
진실함은 없는 자.

믿기는 하지만
행함은 없는 자.
예배는 있지만
진리는 없는 자.

소리는 높이지만
허공을 맴도는 자.
목표는 세우지만
끝까지 걷지 않는 자.

몇 마디 기도를 올리고
응답 전에 일어나는 자.
묵직하게 앉아있지 못하고
사시나무처럼 다리를 떠는 자.

만일 선지자가 있어 여호와의 이름으로 말한 일에 증험도 없
고 성취함도 없으면 이는 여호와께서 말씀하신 것이 아니요,
그 선지자가 제 마음대로 한 말이니 너는 그를 두려워하지 말
지니라. Deuteronomy 18:22

117. 경계표

지금 네가 서있는 땅이
거룩한 땅이니
거기까지만 오라.
더 이상 나아오지 말라.

더 이상 욕심을 부리지 말라.
그것까지만 하라.
거기에 무릎을 꿇으라.

더 이상 가지지 말라.
거기까지만 가지라.
너무 많은 것은
저주가 될 수 있다.

너무 많이 먹지 말라.
네가 먹을 양은
이미 정해져 있으니
그 후엔 숨만 쉬고 살아야 한다.

너무 많이
구하지 말라.
그것까지만

하는 것이다.

너무 높이 오르지 말라.
올라갈 때가 있으면
내려올 때가 있는 법.
그 때를 생각하라.

너무 많이 기도하지 말고
너무 많이 믿지 말라.
지금 거기에서
최선을 다하라.

마지막 숨이 다할 때까지
더 이상 여한이 없을 때까지
나머지는 하늘에 맡기고
거기까지만 하라.

네 하나님 여호와께서 네게 주어 차지하게 하시는 땅 곧 네 소
유가 된 기업의 땅에서 조상이 정한 네 이웃의 경계표를 옮기
지 말지니라. Deuteronomy 19:14

118. 생명의 전사

그래, 무섭겠지.
앞이 보이지 않겠지.
누구나 무서운 것은 있는 거야.
다만 그것을 극복해내는 것이지.

그래, 두렵겠지.
나만 당하는 것 같겠지.
그러나 누구에게나 두려운 거야.
어둠을 직시하면 익숙하게 되는 법이지.

그래, 염려가 되겠지.
먹고 입어야 되고 체면도 차려야 되겠지.
하지만 누구에게나 걱정거리는 있는 거야.
모든 게 행복하고 만족한 사람은 없는 거야.

그래, 답답하겠지.
한 걸음도 나아갈 수 없겠지.
누구나 답답할 때가 있는 거야.
그러나 때가 지나면 어둠이 걷히는 거야.

도망가고 싶겠지.
피하고 싶겠지.

그런 자와 만나고 싶지 않겠지.
하지만 누구나 다 그럴 때가 있는 거야.

뒤로 물러가고 싶겠지.
여기서 그만 두고 싶겠지.
안전한 곳에 숨고 싶겠지.
누구나 그러고 싶을 때가 있는 거야.

편안한 곳에서 쉬고 싶겠지.
누구나 쉬고 싶은 거야.
우리에게 주어진 세상을 마치면
영원한 안식이 기다리고 있는 거야.

함께 조금만 참자.
조금만 용기를 내자.
어차피 겪어야 될 세상이라면
신나고 멋지게 한 번 감당해보자.

너희가 오늘 대적과 싸우려고 나아왔으니 마음에 겁내지 말
며 두려워하지 말며 떨지 말며 그들로 말미암아 놀라지 말라.
Deuteronomy 20:3

119. 악을 제하라

죄를 버리라.
죄의 씨를 뿌리지 말라.
뿌리지 않았는데
거두는 것이 있었더냐?

악을 제하라.
그것을 아까워하지 말라.
거기에 미련을 두지 말라.
단칼에 결단을 내리라.

사념의 뿌리를 자르라.
뿌리를 자르지 않으면
그것이 너의 올무가 되리니

매일 잡념을 씻으며
헛된 욕망을 불사르라.
거룩한 것을 생각하며
하늘의 계시를 붙잡으라.

너를 향하신
하늘의 뜻이 무엇인지,
항상 말씀을

되새김질 하라.

악한 생각이 침범치 못하도록 하라.
네가 생각한 대로 이루어질 것이고
네가 행한 대로 거두게 될 것이니

죄에 대해서는
인정을 두지 말라.
얄팍한 동정을 베풀지 말라.

언제나 칼날 위를 걸으라.
매일 영성의 정상에 오르라.
오르지 않으면 떨어질 것이니
마지막 성화의 완성을 이루라.

그 성읍의 모든 사람들이 그를 돌로 쳐 죽일지니 이같이 네가
너희 중에서 악을 제하라. 그리하면 온 이스라엘이 듣고 두려
워하리라. Deuteronomy 21:21

120. 두 종자

마음에 두 뿌리가 있다.
생각에 두 줄기가 흐른다.
우리는 언제나
거기에서 헤매고 있다.

너의 하나님 앞에서
머리를 굴리지 말라.
얄팍한 계산으로
손익을 따지지 말라.

한 가지만 생각하라.
한 가지만 심으라.
두 종자를
섞어 뿌리지 말라.

씨를 뿌릴 때는
씨를 뿌리고
열매를 거둘 때는
열매를 거두라.

씨를 뿌리면서
열매를 생각지 말고

열매를 거두면서
또 다른 씨를 생각지 말라.

하늘의 일을 하면서
자신을 생각하지 말고
땅의 일을 할 때는
하늘의 보상을 바라지 말라.

한 발은 땅에 딛고
한 발은 하늘에 걸치지 말라.
너의 다리가 찢어져
영벌에 떨어질까 하노라.

한 가지만 하라.
좋은 편을 택하라.
그것을 붙잡아
세상에 빼앗기지 말라.

네 포도원에 두 종자를 섞어 뿌리지 말라. 그리하면 네가
뿌린 씨의 열매와 포도원의 소산을 다 빼앗길까 하노라.
Deuteronomy 22:9

121. 가증

거룩한 자는
거룩한 일을 하라.
내가 너를
건져내었음이라.

네가 하는 일로
네가 증명되리라.
무엇을 위하여
이 일을 하는 것이냐?

재물에 빠지지 말라.
일만 악의 뿌리인 것이니
선한 일을 하여
선한 재물을 얻으라.

일확천금을 꿈꾸지 말고
과도한 욕심을 부리지 말라.
내 앞에 더러운 소득을
내놓지 말라.

나의 성전에
탐욕의 마음을 가져오지 말라.

너의 재물을 놓고
함부로 서원하지 말라.

너의 목숨을 걸고
일생에 한 번
서원을 올리라.

네 삶의 열매를
내 앞에 올리고
너의 가슴을 찢어
너의 마음을 올리라.

그리하여 내 앞에
향기가 퍼지게 하라.
그 삶의 향기로
생명이 살아나게 하라.

창기가 번 돈과 개 같은 자의 소득은 어떤 서원하는 일로든지
네 하나님 여호와의 전에 가져오지 말라. 이 둘은 다 네 하나님
여호와께 가증한 것임이니라. Deuteronomy 23:18

122. 억울하게

그가 부르짖으면
하늘이 눈물을 흘릴 것이다.
하늘이 닫히게 되면
재앙이 시작될 것이다.

그를 억울하게 하면
땅이 너를 토해버릴 것이다.
너는 땅에서 유리하며
끝없이 헤매게 될 것이다.

그를 헐벗게 하면
너의 마음이 황폐해질 것이다.
마음이 헐벗는다면
무슨 옷을 입겠느냐?

그를 아프게 하면
너는 아픔을 모르게 될 것이다.
아픔을 모르는 것보다
더 큰 저주가 어디에 있겠는가?

그를 슬프게 하면
네가 눈물을 흘리게 될 것이다.

그러한 눈은
속으로 썩어갈 것이다.

그를 절망케 하면
너도 절망케 될 것이다.
하늘이 보이지 않고
끝없는 어둠이 계속될 것이다.

눈을 감지 말라.
그들을 잘 알지 못한다고
너에게는 책임이 없다고
마음에 위안을 삼지 말라.

언제부터 네가 그렇게
금 수저로 밥을 먹게 되었느냐?
똑같은 하나의 인간일진대
똑같은 책임을 물을 것이다.

너는 객이나 고아의 송사를 억울하게 하지 말며 과부의 옷을
전당 잡지 말라. Deuteronomy 24:17

123. 신발을 벗긴 자

같이 신어야 할
신발을 벗어 던지고
혼자 걸어가는 형제가 있다면
만인 앞에서 그의 신발을 벗기라.

그런 자들을 통해서
무엇을 볼 수 있는가?
생명의 미래는
어떻게 펼쳐질 것인가?

네가 져야 할 짐을
남에게 떠넘기지 말라.
기쁨으로 감당하면
그것이 기회가 되리니

네가 신어야 할 신발을
쉽게 벗어던지지 말라.
너에게 주는 축복을
헌신짝처럼 버리지 말라.

차라리 고통을 택할지언정
부끄러움을 택하지 말라.

그렇게 살아서 무엇을 하려는가?

너의 형제에게
생명의 대를 잇게 하라.
너의 이웃의 대를 끊지 말라.

그런 자들은
구원의 족보에서 지워질 것이요,
생명의 책에서 제하여 버리리라.

비겁한 삶을 버리고
의로운 죽음을 택하라.
수백 번 죽지 말고
단 한 번 정의를 남기라.

이스라엘 중에서 그의 이름을 신 벗김 받은 자의 집이라 부를
것이니라. Deuteronomy 25:10

124. 공정

너의 욕심을 위해
형제를 억울하게 하지 말라.
그의 눈에서
눈물을 흘리게 하지 말라.

네 하나님께서
그의 눈물을 하늘의 병에 담으시어
너의 안방에
그 눈물을 쏟으시리라.

눈금을 속이지 말라.
저울추를 모자라게 하지 말라.
후히 되어
넘치게 안겨주라.

그러면 너의 하늘 아버지께서도
너에게 넘치도록 안겨 주리라.
심은 대로 거둘 것이요
베푼 대로 되올 것이다.

얄팍한 인정이 아니라
공정하게 거래하라.

줄 것은 주고
받을 것은 받으라.

상황에 따라
약속을 개변하지 말고
어려움에도 계약을 지켜라.

하늘의 저울에 달아
부족함이 없게 하라.
정직하고 부지런하게
너의 삶을 경영하라.

너도 언젠가 네 하나님 앞에서
그의 저울에 달려야 하리니
마지막 그 앞에서
모자람이 없게 하라.

오직 온전하고 공정한 저울추를 두며 온전하고 공정한 되를
둘 것이라. 그리하면 네 하나님 여호와께서 네게 주시는 땅에
서 네 날이 길리라. Deuteronomy 25:15

125. 방랑

나에게 주어진
길을 걸어간다.
거기에서 내가 받을
계시를 기다린다.

언제나 나는
길 위에 있다.
하늘의 뜻을 찾아
생명의 노래를 부른다.

그의 뜻을 찾아
하늘의 길을 걸음이
나에게 주어진 사명이요,
나에게 내려진 운명이다.

길을 걸어가면
역사가 일어난다.
수많은 사람을 만나고
땅의 사건을 경험한다.

그것이 쌓이고 싸여
나의 자산이 된다.

그 자산을 통해
하늘이 움직인다.

문을 닫아거는 사람은
자기 안에 머물지만
길을 걷는 사람은
하늘에 머물게 된다.

그러니 내가 어떻게 성을 높이 쌓고
그 안에 들어가겠는가?
나를 거기에
잡아 둘 수 있겠는가?

내 조상을 따라
광야를 걸어간다.
그들의 영혼이
나를 끌어간다.

내 조상은 방랑하는 아람 사람으로서 애굽에 내려가 거기에서
소수로 거류하였더니 거기에서 크고 강하고 번성한 민족이 되
었는데 Deuteronomy 26:5

126. 뛰어나게

똑같이 하지 말라.
무언가 다르게 하라.
날마다 새롭게 하라.
다른 방법으로 하라.

똑같이 하면
똑같은 결과가 나오리니
한 번 비틀어서
다르게 생각하라.

세상 나라들처럼
우상을 따르지 말라.
광야로 나가
자유를 누리라.

권력 앞에
무릎을 꿇지 말고
권세자들에게
굴종하지 말라.

그들이 던져주는
부스러기를 받아먹지 말고

하늘을 바라보며
만나를 기다리라.

배가 고프다고
쓰레기를 줍지 말고
목이 마르다고
고개를 처박지 말라.

먹을 것이 없으면
금식을 선포하고
먹을 것이 많으면
단식을 실행하라.

하늘을 바라보며
그를 경배하라.
너의 하늘을 따라
신의 산에 오르라.

네가 네 하나님 여호와의 말씀을 삼가 듣고 내가 오늘 네게 명
령하는 그의 모든 명령을 지켜 행하면 네 하나님 여호와께서
너를 세계 모든 민족 위에 뛰어나게 하실 것이라. Deuteronomy
28:1

127. 깨닫는 마음

한 번 깨달음을 얻으면
삶과 죽음을 넘어
영원에 들어가는 것이니

나 어찌 여기에 머물며
영겁의 순환을
계속하겠는가?

하늘의 세계에
들어가게 되면
세상의 소망이
한갓 꿈인 것이거늘

태초에 있었던
그 마음을 얻고
그의 뜻을 따르고 싶어
나, 지금 기도를 드리오니

나에게 그 마음을 주소서!
나에게 그 진실을 주소서!
나의 눈을 열어
당신을 보게 하소서!

당신을 보는 눈과
당신의 소리를 들음으로
오늘 여기에서
당신의 나라에 들어가게 하소서!

그것이 하루아침에 얻어지는 것이라면
이렇게 칼날을 갈고 닦음이
헛된 일일 것이니
그렇게 쉽게 물러가지 않겠습니다.

당신의 하늘을
열어주소서!
당신의 마음을
내려주소서!

그러나 깨닫는 마음과 보는 눈과 듣는 귀는 오늘 여호와께서
너희에게 주지 아니하셨느니라. Deuteronomy 29:4

128. 청종

나, 오늘
당신의 광야로 나아가
당신이 입을 여는
소리를 기다립니다.

언제나 당신께 귀 기울여
나의 마음을
열어놓고 있습니다.

행여나 당신의 부름을 놓치고
당신을 그냥 지나칠까봐
깨어 당신을 바라봅니다.

당신을 바라봄이
나의 기쁨이요
당신을 기다림이
나의 삶입니다.

이제 나의 삶이
다하였습니다.
당신께 돌아갈 날이
가까웠습니다.

적어도 난
그것을 알고 있습니다.
마음을 놓으니
평안이 찾아옵니다.

매일 당신께로 돌아갑니다.
마음을 돌이켜
당신께로 향합니다.

이제 때가 되었습니다.
말씀하옵소서!
종이 듣겠습니다.

그리고 당신을 따라
지금 하늘에 오르겠습니다.

너와 네 자손이 네 하나님 여호와께로 돌아와 내가 오늘 네게
명령한 것을 온전히 따라 마음을 다하고 뜻을 다하여 여호와
의 말씀을 청종하면 Deuteronomy 30:2

129. 증거의 노래

내가 나오고 내가 돌아갈
존재의 본류요 생명의 본성이신
당신의 마음에
나의 노래를 기록하며

당신의 새벽에 일어나
나의 노래를 부르오니
내가 당신의 증거가 되고
당신이 나의 증거가 되어

영원히 흐르는
생명의 강물로
당신까지 이르겠습니다.

나의 주, 나의 하나님이여!
내 호흡의 시작이시여!
당신을 부름이 나의 삶이며
당신을 따름이 나의 길이오니

하나이신 분.
하나 되게 하시는 분,
하나 안에 모두 있어

하나로 완성되시는 분.

당신의 노래를 부릅니다.
당신의 숨결을 마십니다.
당신의 계시를 받아
나의 땅에 심습니다.

언젠가 우리의 노래가 꽃이 필 때
세상엔 희망이 솟아날 것이며
사람들은 생명의 부활을
노래하게 될 것입니다.

이 믿음으로 오늘의 길을 가며
내 자리에 앉아 기도를 올립니다.
아직 이렇게 올릴 수 있다는 것이
우리에게 남아있는 마지막 은혜입니다.

그러므로 이제 너희는 이 노래를 써서 이스라엘 자손들에게
가르쳐 그들의 입으로 부르게 하여 이 노래로 나를 위하여 이
스라엘 자손들에게 증거가 되게 하라. Deuteronomy 31:19

130. 이슬과 단비

그의 은혜 아닌 것이
세상에 없고
그의 선물 아닌 것이
이 땅에 없다.

사막에는
이슬이 내리고
광야에는
단비가 내리니

하늘의 기운이 모여
생명의 꽃이 피고
그 사랑이 모여
열매가 맺힌다.

나의 아이들아,
여기에 너희의 미래가 있다.
내가 걸어온 길.
너희가 걸어갈 길.

우리가 모여
아름다운 합창을 만들며

함께 하늘의 노래를 부르는 것.

살아있는 한
기도를 올리며
힘이 있는 한
주어진 길을 걷는 것이다.

길을 가다가 멈추지 말고
두렵다고 눈을 감지 말고
끝까지 운명의 길을
걸어가는 것이다.

목마른 땅의 수목들과
메마른 땅의 생명을 위해
이렇게 희망의 노래를 부르는 것이다.
끝까지 눈물의 기도를 올리는 것이다.

내 교훈은 비처럼 내리고 내 말은 이슬처럼 맺히나니 연한 풀
위의 가는 비 같고 채소 위의 단비 같도다. Deuteronomy 32:2

131. 여수룬

여수룬이여,
어찌하여 그 자리에서 떨어졌는가?
하늘의 고귀한 뜻을 버리고
땅으로 내쳐졌는가?

내가 너를 사랑하여
자유의 광야로 불러냈거늘
어찌하여 노예의 집으로
다시 돌아가 버렸는가?

그것이 바로
네가 원하는 것인가?
육신의 쾌락이
그토록 좋았던 것인가?

하늘의 뜻을 찾아
거룩한 길을 걸음이
네가 원하는
진정한 뜻이 아니었던가?

어찌 그토록 순결한 이름을 버리고
세상의 부귀를 좇아

더러운 이름을
남기려 하는가?

네가 부르는 노래가 좋고
네가 올리는 기도가 좋아
너를 내 옆으로 불러냈거늘
어찌 나를 버리고 떠나려 하는가?

너와 함께 거룩한 산에 올라
천지가 열리는 역사를 보여주었거늘
이제는 욕망의 달콤한 소리에 빠져
나의 부름에 귀를 닫고 있는가?

너의 축복을 간직하고
하늘의 진리를 함께 나누라.
그리하여 너로 하여금
세상이 복을 받게 하라.

그런데 여수룬이 기름지매 발로 찼도다. 네가 살찌고 비대하고
윤택하매 자기를 지으신 하나님을 버리고 자기를 구원하신 반
석을 업신여겼도다. Deuteronomy 32:15

132. 행복자

세상을 바라보지 않고
하늘을 바라본다.
사람을 바라보지 않고
자신을 바라본다.

세상의 날씨는 변하되
하늘의 날씨는 변함이 없다.
언제나 찬란한 태양이 떠오르는
영원의 세계가 거기에 있다.

나의 행복은
보이는 행복이 아니라
영원부터 존재하는
무형의 세계이다.

보이는 것에 좌우되지 않으니
보이는 것이 문제가 되지 않는다.
문제도 없고 결핍도 없는
태초부터 있었던 충만한 생명이다.

하여 행복이란
조건의 충족이 아니라

자기 존재를 깨닫는 것이고
자기가 걸어갈 길을 아는 것이다.

원래부터 있었던 곳.
자신이 걸어가는 곳.
떠나온 곳을 아는 것이며
돌아갈 곳을 아는 것이다.

오늘부터 행복하라.
더 이상 소유를 구하지 말고
더 이상 욕심을 부리지 말고

자기의 자리에서
너의 하늘을 바라보라.

이스라엘이여, 너는 행복한 사람이로다. 여호와의 구원을 너
같이 얻은 백성이 누구냐? 그는 너를 돕는 방패시요 네 영광의
칼이시로다. 네 대적이 네게 복종하리니 네가 그들의 높은 곳
을 밟으리로다. Deuteronomy 33:29

133. 완성

그의 삶은
여분의 은혜였다.
죽음에서 일어난 자가
무엇이 두렵겠는가?

은혜를 입은 자만이
은혜를 베풀 수가 있는 것.
물에서 건짐을 받은 자가
자기 백성을 건져내는 것이다.

자유의 땅을 본 자만이
그곳으로 인도할 수가 있다.
하늘은 그의 눈에서
떠난 적이 없다.

건너가지 못해도 좋다.
그의 사명은 거기까지였다.
바라보는 그것만으로도
그는 웃음을 지을 수 있다.

하늘을 본 자는
세상에 눈이 흐리지 않는다.

언제나 구름 너머
그 세계에서 살아간다.

하늘의 힘을 얻은 자는
기력이 쇠하지 아니한다.
끝까지 주어진
길을 걸어간다.

항상 하나님과 대면하여
이야기를 나누었던 자.
그의 삶이 기적이었고
살아가는 것이 신비였다.

세상의 역사에서
가장 큰 권능을 행하고
위대한 삶을 살아갔던 자.
그보다 더 큰 자는 나올 수가 없었다.

모세가 죽을 때에 나이 백이십 세였으나 그의 눈이 흐리지 아니하였고 기력이 쇠하지 아니하였더라. Deuteronomy 34:7

에필로그(Epilogue)

내 노래는 아직 끝나지 않았다.
이제부터 시작이다.
그의 말씀 속에서
거룩한 삶을 시작한다.

죽을 때까지 우리는
칼 날 위에서 살아간다.
일초 동안도 마음을 놓을 수 없고
흐르는 사념을 놓아둘 수 없다.

그의 앞에 가는 날까지
목표를 향하여 달려간다.
날마다 나 자신을 죽이고
자아를 십자가에 못 박는다.

그를 닮아 가는 것.
그를 따라 가는 것.
이것이 내가 이 땅에서 살아가는
단 한 가지 이유인 것이다.

그것이 아니라면
순간의 숨을 쉬며
허기진 뱃속을 채우는 것이

무슨 의미를 주는 것인가?

하늘을 보면 그의 숨이 느껴지고
태산을 보면 그의 삶이 다가온다.
모든 것이 그로 모아지고
모든 것이 그로 완성된다.

그가 부르시고
그가 일으키셨으니
그를 통해 새 힘을 얻고
그와 함께 길을 걸어간다.

사랑에 나 자신을 던져
희망의 씨앗을 뿌리는 것.
믿음으로 그를 따라서
오늘도 주어진 길을 걸어간다.